PETER BETTELHEIM • SILVIA PROHINIG
ROBERT STREIBEL (HG.)
ANTISEMITISMUS IN OSTEUROPA

PETER BETTELHEIM • SILVIA PROHINIG
ROBERT STREIBEL (HG.)

ANTISEMITISMUS IN OSTEUROPA

ASPEKTE EINER HISTORISCHEN KONTINUITÄT

MIT BEITRÄGEN VON
WOLFGANG BENZ
GABOR BERENYI
ELISABETH BRAININ
GOTTHARD KINDL
SMUEL KRAKOWSKI
KARL PFEIFER
ANTONY POLONSKY
SAMY TEICHER
ROBERT WISTRICH

PICUS VERLAG WIEN

Dokumentation eines Symposiums
der Volkshochschule Hietzing und des Jüdischen Instituts
für Erwachsenenbildung
Gedruckt mit Unterstützung des Bundesministeriums für Wissenschaft und
Forschung in Wien und des Verbandes Wiener Volksbildung

Die Deutsche Bibliothek - CIP-Einheitsaufnahme

Antisemitismus in Osteuropa : Aspekte einer historischen
Kontinuität / Peter Bettelheim ... (Hg.). - Wien : Picus, 1992
ISBN 3-85452-233-9
NE: Bettelheim, Peter [Hrsg.]

Graphische Gestaltung: Dorothea Löcker, Wien
Umschlagabbildung: Samuel Hirzenberg „Das schwarze Banner",
Art Resource, New York
Satz: Michaela Müllner
Druck und Verarbeitung: Remaprint, Wien
Printed in Austria
ISBN 3-85452-233-9

INHALT

Vorwort

„Geschichte ist nicht nur die Geschichte von Toten" (Antisemitismus in Osteuropa). Unter diesem Titel fanden 1991 die traditionellen Denkanstöße der Volkshochschule Hietzing und des Jüdischen Instituts für Erwachsenenbildung zum 9. November statt. Auf den Tag genau 53 Jahre nachdem in Deutschland und der damaligen „Ostmark" die Synagogen brannten, diskutierten Wissenschafter/innen den erstarkenden Antisemitismus in den poststalinistischen Ländern – eine Provokation?

Weder Ablenkung vor der eigenen Geschichte noch ein Verschieben der historischen Quantitäten waren beabsichtigt. Der Antisemitismus in den poststalinistischen Ländern ist nicht stärker ausgeprägt als in den westlichen demokratischen Gesellschaften. Wolfgang Benz weist in seinem Beitrag zu Recht auf demoskopische Untersuchungen hin, denen zufolge 15 Prozent der deutschen Bevölkerung antisemitische Einstellungen haben. Das Verhältnis zwischen Westdeutschen und Bürgern der ehemaligen DDR lautet hier jedoch – nach Presseberichten vielleicht überraschend – 16 zu vier Prozent.

In Umbruchsperioden werden gesellschaftliche Defizite sichtbarer. Die westlichen Länder haben mit dem „demokratischen Antisemitismus" nach Auschwitz[1] zu leben gelernt: formal im Rahmen des Gesetzes, bei Attacken wegen seines gewalttätigen Inhalts spielt der Angreifer die verfolgende Unschuld. Diese Spielregeln kennen die aus dem Gefrierfach der Weltgeschichte hervorgeholten Völker nicht[2], oder um es mit Dan Diner zu formulieren: „Die vom Marxismus-Leninismus hinterlassenen Ruinen des Bewußtseins ziehen gleichsam alternativlos die zwangsmäßig aufgegebenen Formen vorvergangen geglaubter Weltdeutung an: Nation und Religion. Mit ihnen dürfte sich die in die individuelle wie kollektive Lebenszeit geschlagene Leere gleichsam naturwüchsig auffüllen."[3] Historisch betrachtet war – nach Robert Wistrich – der Antisemitismus ein bemerkenswert konstantes Merkmal christlicher Gesellschaften. Von „Religion" – im Sinne Dan Diners – haben die Juden nichts Gutes zu hoffen. Und von der Nation? Der Popanz des Judentums als das Unnationale hatte dem wilhelminischen Nationalstaat als Mentalitätskitt gedient.[4]

Keine Provokation, sondern tiefsinniger Zufall? Denn seit dem Jahr 1989 steht der 9. November – „Fall" der Berliner Mauer – für das Ende der Nachkriegsgeschichte, für ein Ereignis, das zu einem Katalysator für die weitere Entwicklung in den ehemals „realsozialistischen" Ländern wurde. Mit dem Ende des historischen Irrtums in Ost- und Südosteuropa wird die europäische Vergangenheit nicht mehr teilbar. Denn die Erinnerung an den Nationalsozialismus war wachgehalten worden, um „die Verantwortung für die in deutschem Namen begangenen Verbrechen und die Fortdauer ihrer Ermöglichungsbedingungen von sich selbst wegzuschieben und der anderen Seite aufzubürden."[5]

Als Teil dieser gemeinsamen unteilbaren Arbeit waren das Symposium und die Beiträge gedacht: Denkanstöße zum 9. November. Denn wo der Antisemitismus virulente Formen annimmt, verstehen wir ihn, so der Begründer des Zentrums für Antisemitimusforschung in Berlin, Herbert A. Strauss, „als eine Warnung, daß politische und gesellschaftliche Zustände an einem Punkt angelangt sind, an dem die vorhandenen Probleme nicht mehr gelöst werden und zu einer Ersatzlösung und Ersatzbefriedigung sozialer Spannungen Zuflucht genommen wird."[6]

Robert Wistrich gibt in seinem Beitrag einen Überblick über den Antisemitismus im 20. Jahrhundert, spürt dem „christlichen Vermächtnis" in Deutschland und der habsburgischen Monarchie nach. In der Entwicklung der Judenfeindschaft in Ost-Mittel-Europa liefert Wistrich Beispiele für Adornos „soziologische Wunder", die Unvereinbares vereinen können: während Juden in der Ukraine und in Litauen als Träger der„Russifizierung" betrachtet wurden, verunglimpfte die slawische Bevölkerung Juden als Träger der „Germanisierung" oder „Magyarisierung". Derartige „Wunder" erlebten auch in den fünfziger Jahren fröhliche Urständ', denn in den letzten Jahren der Stalin-Herrschaft wurden Juden gleichzeitig als „heimatlose Kosmopoliten" und „bourgeoise Nationalisten" denunziert.

Wolfgang Benz sieht mit der Öffnung der Grenzen in Europa und der Vereinigung der beiden deutschen Nachkriegsstaaten eine Belebung des Antisemitismus, wobei gleichzeitig zu konstatieren ist, daß die Funktion des Aggressionsobjektes vielfach auf andere Minderheiten übergegangen ist. Das „Deutschtum" wurde nach dem Zusammenbruch der DDR zu einem „Synonym für Nestwärme", die Verteidigung des Nationalen erscheint als „letzte Möglichkeit, Identität zu bewahren." Für Überheblichkeit sieht Wolfgang Benz jedoch keinen Anlaß, denn weder der Deutsche Bundestag noch eine Bundesregierung hätten jemals formell und feierlich ausgedrückt, daß aus der gemeinsamen Verantwortung für die Demütigung, Vertreibung und Ermordung Verpflichtung entstanden sei. In der ehemaligen DDR wurde zumindest knapp vor „Torschluß" dieser „befreiende Schritt" getan.

Der Umgang Polens mit seiner Geschichte wird von zwei Autoren behandelt. Antony Polonsky untersucht das „gegenwärtige Verhältnisse der Polen zu den Juden". Für Polonsky ist dieses Verhältnis ein „Prüfstein", ob das zukünftige Polen ein Opfer von politischen und chauvinistischen Verschwörungstheorien oder pluralistisch, am Westen orientiert sein wird. Stellvertretend für die Auseinandersetzung über die polnische Vergangenheit, die im wesentlichen innerhalb einer intellektuellen Elite stattfindet, skizziert Polonsky die Debatte rund um den programmatischen Artikel von Jan Blonski, dessen zentrale These in einem Schuldbekenntnis und der Zuweisung von Verantwortung an die gesamte christliche Welt gipfeln. Zur Charakterisierung des Verhältnisses der polnischen Öffentlichkeit und der jüdischen Minderheit präsentiert Polonsky die Ergebnisse einer 1990 im Auftrag des Amerikanisch-Jüdischen Komitees durchgeführten Untersuchung, die er eher als ermutigend klassifiziert. Neben dem harten Kern von Antisemiten gäbe es Regungen des guten Willens.

Gotthard Kindl geht es in seinem Beitrag darum, die Klassifizierung der Polen als „die" Antisemiten Europas zu hinterfragen. Ausgehend von einer sozialhistorischen Einordnung des Antisemitismus belegt er die Instrumentierung des Antisemitismus im Nachkriegspolen, wobei er keineswegs zu einer optimistischen Bewertung für die Zukunft kommt wie Polonsky. Ausschlaggebend dafür ist für Kindl die Haltung der katholischen Kirche, die eine hartnäckige Leugnung, „wahrscheinlich aus machtpolitischen Gründen", der eigenen Verantwortung betreibe.

Gabor Berenyi versucht – ausgehend von Hannah Arendts Thesen – eine Bestimmung des Phänomens des „kulturellen Antisemitismus" in der ungarischen Gesellschaft. Der Antisemitismus im breiten Ausmaß ist für Ungarn eine Folge des Friedensschlusses von Trianon. Mit der Vorstellung der „Kulturnation" wurde versucht, die ehemalige territoriale Vormacht in einer sublimierten Form wieder zu erlangen. Ungarische Kunst kann in diesem Sinne nur mehr auf der Grundlage des „ungarischen Rassencharakters" blühen. Im nachkommunistischen Ungarn kristallisiert sich die Identitätssuche der betreffenden Schichten um zwei Schlagwörter: christlich und national. Ungarn den Ungarn. Fremde bedrohen die „ungarische Volksessenz". Neben dieser nationalen Ausgrenzung von Fremden („Fremdsein bedeutet – unausgesprochen, aber mit Hilfe der archaischen Reflexe – Jude zu sein"), erfolgt eine Desavouierung der Juden aufgrund des angeblichen Bündnisses zwischen Judentum und Kommunismus. Mit dem Mythos vom „rachesüchtigen Judentum" versucht die christliche Mittelschicht – so Gabor Berenyi – von ihrer eigenen Verantwortung und Mitschuld abzulenken.

Die Korrespondenz, die Karl Pfeifer mit der offiziellen Presseagentur der römisch-katholischen Kirche in Österreich, der Kathpress über die Verantwortung der kroatischen Kirche und des Vatikans für die Ermordung kroatischer Juden geführt hat, führt die Präsenz von historischen Tabus deutlich vor Augen. Das

Verhältnis zwischen Kirche und dem Ustascha-Staat war besonders eng. Geistliche dienten als Leibwache bei Pavelic, Franziskaner kommandierten Konzentrationslager, Nonnen marschierten bei Paraden mit dem faschistischen Gruß durch die Straßen. Während die kroatischen Juden ermordet wurden, konnten Vertreter des Vatikans sich nur zur Forderung aufraffen, die Juden mit Mäßigung zu behandeln. Pius XII. konnte sich nie zu einer Verurteilung von Ustascha-Brutalitäten aufraffen – immerhin waren die Kroaten ein „Volk guter Katholiken". Hilfe und Intervention gab es nur für konvertierte Juden. Eine Änderung dieser Haltung trat erst ein, als sich eine Niederlage der Achsenmächte abzeichnete, der eine vollständige Vernichtung des kroatischen Judentums vorangegangen war.

Eine besondere Situation für die Erforschung der Judenvernichtung in Osteuropa trat nach der Öffnung der Archive in der ehemaligen Sowjetunion, in der Tschechoslowakei, Polen, Jugoslawien, Ungarn und der vormaligen DDR zutage. Auf Grund dieser neuen Akten, die vom Archiv Yad Vashem gesichtet werden, läßt sich – so Smuel Krakowski – ein neues Bild der Beteiligung der Bevölkerung der jeweiligen Länder an der Judenvernichtung zeichnen, die in weit größerem Ausmaß vor sich ging, als das bisher weithin angenommen worden war. Dutzende bisher unbekannte Ghettos und Lager können nun geortet werden. An Hand einiger Beispiele demonstriert Krakowski die Bedeutung der Akten auch für die Geschichte des Judentums nach dem Zweiten Weltkrieg, wie im Falle der Liquidierung des Jüdischen Antifaschistischen Komitees in der Sowjetunion.

Elisabeth Brainin und Samy Teicher gehen in ihrem abschliessenden Beitrag der Frage nach, wie es unter verschiedenen historischen Bedingungen immer wieder zu Grenzüberschreitungen vom Gedanken zur Tat kommen konnte. Dabei geht es den beiden Psychoanalytikern nicht darum, die Massenphänomene im Nationalsozialismus als psychotische Mechanismen zu beschreiben; hätten der „Führer" und seine Machtorgane tatsächlich die Funktion innerer Instanzen angenommen, wäre eine Rückkehr zur

Normalität nach Kriegsende nicht möglich gewesen. Nach Brainin/Teicher beruhigt der „Führer" vielmehr Ängste, die aus Ich- und Über-Ich Konflikten entstehen; reicht dies nicht aus, greift das Individuum zu Bewältigungsstrategien, die von der Entindividualisierung und Schuldzuweisung an die Opfer bis hin zur bedingungslosen Pflichterfüllung gehen.

Peter Bettelheim
Silvia Prohinig
Robert Streibel

Anmerkungen

1 Detlev Claussen: Der Antisemitismus als Alltagsreligion. Verkürzte Wahrnehmungen verfestigen sich zu einem realitätsverzerrenden System. In: Frankfurter Rundschau 13.8.1991.

2 Gerhard Gnauck: Bronsteins Kinder und Enkel verlassen die Heimat. Neuer Nationalismus und alter Antisemitismus in Europas Osten. In : Frankfurter Allgemeine Zeitung 5.3.1992.

3 Dan Diner: Deutschland, die Juden und Europa. Vom fortschreitenden Sieg der Zukunft über die Vergangenheit. In: Babylon 7/1990. S.98.

4 Caroline Neubaur: Wahnsystem Antisemitismus. Rückblick auf eine Tagung. In: Merkur 7/1991 S.637.

5 Helmut Dubiel: In: Transit 2/ S. 169.

6 Der antisemitische Wahn. Adalbert Reif im Gespräch mit dem Anitsemitismus-Experten Herbert A. Strauss. In: Universitas 11/1991. S. 1106.

ROBERT WISTRICH

ANTISEMITISMUS IM 20. JAHRHUNDERT

Ein Überblick

Der Antisemitismus war historisch betrachtet ein bemerkenswert konstantes Merkmal christlicher und in geringerem Umfang islamischer Gesellschaften. Der traditionelle Judenhaß wurzelte in religiösen und sozialen Antagonismen – verschärft durch den Christusmord-Vorwurf gipfelte er in einer christlich dominierten Gesellschaft in der Beschuldigung, die Juden seien vom Teufel besessen und wucherische, subversive „Elemente". Im mittelalterlichen Europa wurden diese diskriminierenden Feindbilder politisch legitimiert und institutionalisiert, was schließlich zur Ghettoisierung und ökonomischen Ausgrenzung der Juden als „Wucherer", Zwischen- und Kleinhändler führte. Resultat war die fast vollständige soziale Isolation der jüdischen Minderheit, was wiederum die Vorurteile der „Kirchenväter" und der späteren christlichen Theologie verfestigte.

Dieses christliche Vermächtnis beeinflußte von den Anfängen des politischen Antisemitismus in den späten siebziger Jahren des vorigen Jahrhunderts bis zum Holocaust und sogar bis heute die Antisemiten – selbst jene, die sich formal zur religiösen Toleranz oder zum Atheismus bekannten. In Deutschland war es nicht so sehr Wilhelm Marr, sondern der evangelische Hofprediger Adolf Stocker (1835-1909) der maßgeblich durch die Gründung der Christlich-Sozialen Arbeiterpartei (1878) und die Initiierung der Berliner Bewegung zur politischen Instrumentalisierung des Antisemitismus beitrug. Eine ähnliche Bewegung, politisch weitaus erfolgreicher, entwickelte sich unter der charismatischen

Führerschaft von Dr. Karl Lueger (1844-1911) im katholischen Österreich gegen Ende der achtziger Jahren des vorigen Jahrhunderts. Dessen antisemitische Christlich-Soziale Partei behauptete von den Wahlen zum Wiener Stadtrat 1895 bis zum Ersten Weltkrieg ihre Vormachtstellung in der habsburgischen Metropole. Anders als die antisemitischen Parteien im deutschen Kaiserreich, die auf der parlamentarischen Bühne nur vorübergehend Erfolg hatten, waren ihre österreichischen Gegenstücke, die einen populären traditionalistischen Katholizismus vertraten, in der Mobilisierung der Massen erfolgreicher. Der kombinierten Anziehungskraft radikal antikapitalistischer und später antimarxistischer Ressentiments sowie eines schwarz-gelben Patriotismus konnte das Wiener Kleinbürgertum nicht widerstehen.

Parallel zum Christlich-Sozialen Antisemitismus, in dem katholische Geistliche eine maßgebliche Rolle spielten, entwickelte sich eine radikalere und langfristig gefährlichere Richtung eines nationalistischen, rassistischen und pangermanischen Antisemitismus. Seine ideologischen Wurzeln finden sich bereits in Schriften wie „Das Judentum in der Musik" (1850, 1869) des deutschen Komponisten Richard Wagner (1813-83). Wagner bezeichnete den jüdischen Beitrag zur deutschen und europäischen Kultur als bedrohliche Invasion fremder, rassisch minderwertiger „Elemente", die ohne echtes kreatives Talent nur aufgrund der Dekadenz und Korruption der Bourgeoisie Beachtung fänden.

Der Bayreuther Kreis, dem auch der Schwiegersohn Wagners, Houston Stuart Chamberlain, angehörte, propagierte die Ansichten Wagners nach dessen Tod weiter. Chamberlains „Grundlagen des Neunzehnten Jahrhunderts" (1899) avancierten zu einem Standardwerk rassistischer und antisemitischer Ideologie in Deutschland. Die Artikel des führenden konservativen Historikers und Professors an der Berliner Universität, Heinrich von Treitschke, der erste erschien zeitgleich mit den antijüdischen Schmähungen von Marr und Stoecker in den Preußischen Jahrbüchern 1879, waren unter deutschen Studenten und Akademikern besonders populär. Treitschke war zwar eher ein Nationalist als ein religiöser oder rassistischer Antisemit, aber seine Parteinahme im Antisemitismusstreit verlieh der gemeinen antisemitischen Agitation die Insignien der „Wissenschaftlichkeit", die sie sonst vielleicht nicht erhalten hätte. Der Berliner Ex-Sozialist, Philosoph und Nationalökonom Eugen Dühring propagierte in seiner bekannten Schrift „Die Judenfrage als Rassen-, Sitten- und Kulturfrage" (1881) ein explizit rassistisches Programm, womit er in erster Linie die Studenten an den deutschen und österreichischen Universitäten erreichte. Das Werk postulierte eine unüberbrückbare Kluft zwischen der nordisch-arischen und der semitischen Rasse. Es rief erstere dazu auf, das Joch des Alten und Neuen Testaments abzuwerfen und die Re-Ghettoisierung der Juden einzuleiten.

In der habsburgischen Monarchie fand diese Richtung eines heidnischen, neo-rassistischen, kirchenfeindlichen und sozialdarwinistischen Antisemitismus in der Pan-Germanischen Bewegung von Georg von Schönerer ihren politischen Ausdruck. Unter den deutschen Studenten in Wien, Graz und Prag, den Sudetendeutschen und den Angehörigen der Mittelschicht der Alpenprovinzen genoß diese Bewegung in den achtziger und neunziger Jahren des vorigen Jahrhunderts eine beachtliche Popularität. Ihre parlamentarische Bedeutung blieb zwar denkbar gering, doch die Saat des Hasses gegen Juden und Slawen sollte schon bald katastrophale Folgen haben.

Es war die Weltanschauung des biologischen Rassismus, des „ewigen Kampfes" zwischen Ariern und Semiten, die die politischen Anschauungen des jungen Adolf Hitler prägten. Er war bereits ein überzeugter Anhänger des Pan-Germanischen Antisemitismus, als er im Alter von 18 Jahren (1907) zum ersten Mal in Wien ankam. Hitlers Ideologie setzte sich aus Versatzstücken des österreichischen Pan-Germanismus, des christlich-sozialen Gedankenguts und der Angst vor der aufkeimenden Sozialdemokratie zusammen. Hinzu kam bei Hitler später noch der hysterische

Nationalismus, der aus der Polemik gegen den Versailler Vertrag erwuchs.

Traditionell war es jedoch – mit Ausnahme des singulären Phänomens des deutschen Nationalsozialismus – in Osteuropa, insbesondere im russischen Reich, wo die große Mehrheit der Juden lebte und der Judenhaß seine bedrohlichsten und gewaltsamsten Formen (dem Russischen entstammt übrigens das Wort „Pogrom") annahm. Im Süden und Westen Rußlands sowie den annektierten polnischen Gebieten wurden vor der Februarrevolution 1917 Juden von der nicht-jüdischen Bevölkerung getrennt und in sogenannten „Ansiedlungsrayons" zusammengepfercht. Nach der Ermordung Zar Alexanders I. (1881) ereigneten sich die schlimmsten Pogrome seit den ukrainischen Aufständen des 17. Jahrhunderts. Marodierende Banden brandschatzten jüdische Häuser und Besitztümer, ermordeten wahllos jüdische Männer, Frauen und Kinder. Die gleichen Szenen wiederholten sich in Kishinev (1903) und während der Revolution 1905. Der russische Bürgerkrieg bildete einen neuen Höhepunkt der Gewalt, als die angreifenden „Weißen" Armeen versuchten, das bolschewistische Regime, das sie mit „jüdischen" Kommissaren gleichsetzten, zu stürzen und über Hunderttausend Juden in der Ukraine ermordeten.

Der russische und ukrainische Antisemitismus der vorrevolutionären Periode hatte eine Reihe spezifischer Merkmale. Er war, abgesehen von Rumänien, das einzige Beispiel eines staatlich unterstützten, offiziellen Antisemitismus, der neben der traditionellen „Judophobie" der russischen, ukrainischen und polnischen Bauernschaft sowie dem krankhaften theologischen Judenhaß der Orthodoxie und von Teilen der Intelligenz (gleichgültig ob Pan-Slawisten, Slawophile oder Radikale) existierte. Die diskriminierende Politik wurde von allen folgenden russischen Regierungen fortgesetzt.

Dies nahm seinen Anfang mit den berüchtigten Mai-Gesetzen von 1882, die die Juden in ihrer Bewegungs-, Gewerbe- und

Berufsfreiheit einschränkten, ihnen den Zugang zu den Universitäten verwehrte und sie in die Armut stürzte. Die Passivität der amtlichen Stellen, die Pogrome offensichtlich als Sicherheitsventil für soziale Unzufriedenheit betrachteten, vermehrte das Elend der jüdischen Minderheit. 1905 wurde dann der Antisemitismus bewußt als Mittel gegen die Revolution eingesetzt. Es war sicher kein Zufall, daß die infamen „Protokolle der Weisen von Zion" im zaristischen Rußland geschrieben und zuerst publiziert wurden. Der Mythos einer jüdischen „Weltverschwörung", die mit dem Ziel der Weltherrschaft durch die Presse, der liberalen Ideologie und dem Kapitalismus gezielt ein ökonomisches und politisches Chaos in der nicht-jüdischen Welt verbreite, deckt sich natürlich mit den reaktionären Vorstellungen der russischen Rechten.

Der Zusammenbruch der russischen, österreich-ungarischen, deutschen und osmanischen Monarchien, die bolschewistische Revolution und die Balfour-Deklaration (1917), das Chaos des ökonomischen Systems und die chronische Instabilität der osteuropäischen Länder in der Folge des Ersten Weltkriegs erhöhten die Plausibilität der „Protokolle" auf ungeahnte Weise. Das Gespenst des „internationalen Judentums" (der Titel einer Schrift Henry Fords) und die bolschewistische Revolution als sein Mittel erschreckten nicht nur die Nationalsozialisten in Deutschland, sondern ließen auch Konservative in Ost-Mittel-Europa, Frankreich, Großbritannien und Amerika wie gebannt auf die Idee der jüdischen „Weltherrschaft" starren. Diese Ängste waren nach dem Krieg auch in den neuen ost-europäischen Nationalstaaten besonders stark ausgeprägt.

In den Vielvölkerstaaten Österreich-Ungarn und Rußland wurden Juden traditionell als „Unterdrücker" der nationalen Minderheiten und „Ausbeuter" der Bauernschaft und des städtischen Mittelstandes dargestellt.

Juden wurden somit in der Ukraine und in Litauen als Träger der „Russifizierung", in der Doppelmonarchie von der slawischen Bevölkerung als Träger der „Germanisierung" oder „Magyarisierung" verunglimpft. Die Auflösung der Habsburger-Monarchie öffnete in Osteuropa einem überhitzten, nationalistischen Antisemitismus Tür und Tor. Die staatliche Unabhängigkeit fiel in Polen, Rumänien, Ungarn und Polen mit Pogromen in Ostgalizien zusammen. In allen diesen Ländern und in Litauen wurde in den dreißiger Jahren eine antijüdische Gesetzgebung verabschiedet – unabhängig und zumeist vor der nationalsozialistischen Machtübernahme in Deutschland. Die ungarische Rechtsprechung, die vor 1914 in jüdischen Belangen als liberal gelten kann, vollzog in den zwanziger Jahren eine pointiert antisemitische Wendung. Selbst die weitsichtige liberale Regierung der Tschechoslowakei konnte wenig tun, um die antijüdischen Ausschreitungen unter Tschechen, Slowaken und Sudetendeutschen zu verhindern.

Der rassistische Antisemitismus erreichte mit der nationalsozialistischen Bewegung in Deutschland, für die der „Kampf gegen die Juden" in der Ideologie und der politischen Praxis einen zentralen Stellenwert einnehmen sollte, seinen Höhepunkt. Der Antisemitismus bildete das Zentrum des Nationalsozialismus, integrierte Hitlers innen- und außenpolitische Ziele und wurde ab 1933 zur offiziellen Politik des am höchsten industrialisierten europäischen Staates. Ein unerbittlicher Krieg wurde gegen den „jüdischen Geist" in Kunst, Literatur, Musik, Recht, Religion und Politik geführt, während gleichzeitig Juden aus ihren Berufen zwangsweise entfernt und aus Deutschland vertrieben wurden. Die deutsche Propaganda benutzte nun vorsätzlich antisemitische Stereotypen, um das westliche Ausland aufzuhetzen und zu destabilisieren. Die Nationalsozialisten begannen nach 1939 mit der gnadenlosen physischen Ausrottung des europäischen Judentums, die nach der Invasion in der Sowjetunion im Sommer 1941 beschleunigt wurde und im Genozid an schätzungsweise sechs Millionen jüdischen Männern, Frauen und Kindern endete. Dieser Völkermord, euphemistisch „Endlösung" genannt, erschließt die Abgründe eines sadistischen Hasses und eines irrationalen barbarischen Rassismus, der in der Geschichte des Antisemitismus ohne Beispiel ist. Dies findet auch keine Parallele in der Verfolgung anderer Gruppen durch die Nazis, gleichgültig ob hiervon Russen, Serben, Tschechen, Sinti, Roma, Homosexuelle oder politische Gegner betroffen waren.

Die Liste der Kollaborateure bei diesem Verbrechen ist lang und setzt sich aus Angehörigen fast aller europäischen Nationalitäten zusammen. Sie reicht von Ländern mit einer schwachen antisemitischen Tradition wie Holland bis hin zu Polen, das einen tiefverwurzelten und populären Antisemitismus aufweist, wobei sich Ukrainer, Letten, Litauer und Österreicher besonders „hervortaten". Selbst in den Ländern der Kriegsgegner Deutschlands, in antifaschistischen Demokratien wie Großbritannien und den USA verursachten antisemitische Vorurteile die Indifferenz der offiziellen Politik gegenüber dem tragischen Schicksal, das die europäischen Juden heimsuchte.

Der Antisemitismus ist nach dem Zweiten Weltkrieg nicht verschwunden, obwohl er sicherlich als Mittel der politischen Agitation und Mobilisierung in West- und Mittel-Europa beträchtlich an Bedeutung verloren hat.

Neo-nazistische und neo-faschistische Gruppen erleben zwar gegenwärtig eine gewisse Renaissance, sie konnten aber nirgendwo, mit Ausnahme Frankreichs, einen großen Wahlerfolg oder eine andere Form öffentlicher Legitimation erreichen. Antisemitische Haltungen bestehen jedenfalls latent in weitaus größerem Ausmaß, als sich das in Wahlergebnissen oder in den Verlautbarungen der Amts- und Würdenträger erkennen läßt. In der Bundesrepublik und besonders in Österreich enthüllten Meinungsumfragen, daß ungefähr zehn Prozent der Bevölkerung trotz des verschwindend geringen jüdischen Bevölkerungsanteils überzeugte Antisemiten sind, etwa ein Drittel „gemäßigte" antisemitische Ressentiments hegt und nur ein Drittel vollkommen frei von derlei Vorurteilen ist.

Die politische Verwertbarkeit solcher Präferenzen demonstrierte die erfolgreiche Präsidentschaftskandidatur Kurt Waldheims in

Österreich, der die antisemitischen Vorurteile in der Bevölkerung mobilisierte.

In der ehemaligen Sowjetunion und in Osteuropa ist dies seit 1945 durchgängig der Fall. Die tiefverwurzelten populären Traditionen der „Judophobie" wurden entweder aus nationalistischen Gründen, zur Rechtfertigung innerparteilicher Säuberungen oder zur Diffamierung der Opposition (als Werkzeug einer internationalen Verschwörung des westlichen Imperialismus und Zionismus) von den herrschenden kommunistischen Parteien manipuliert. Die Überreste der jiddischen Kultur in der Sowjetunion wurden während der letzten Jahre der Stalin-Herrschaft ausradiert, die Blüte der jiddischen Literatur und Intelligenz 1952 hingerichtet. Juden wurden gleichzeitig als „heimatlose Kosmopoliten" und „bourgeoise Nationalisten" denunziert und Stalins infame Kampagne gegen die sogenannten „Weißhemden", die eine Verschwörung der jüdischen Ärzte gegen den Parteiapparat suggerieren wollte, hätte wohl zu landesweiten Pogromen geführt, wenn Stalin nicht plötzlich gestorben wäre. Die Slansky-Affäre führte in der Tschechoslowakei zur Hinrichtung der führenden Kommunisten jüdischer Herkunft und einer unsäglichen antisemitischen Hetze, die zum Teil von Moskau gesteuert wurde. Mit der Niederschlagung des Prager Frühlings durch die Panzer des Warschauer Pakts 1968 entstand der Antisemitismus erneut als eine Waffe gegen die liberalen Strömungen, die einen Kommunismus mit menschlichen Gesicht anstrebten. In Polen waren ähnliche Methoden erfolgreich. Die Vertreibung aller Überlebender der Vorkriegs-Gemeinde, die einst mehr als 3 Millionen Juden zählte, war dort das Resultat einer angeblich „anti-zionistischen" Hexenjagd im Jahre 1968. Die schamlose rassistische Propaganda verunglimpfte loyale Kommunisten jüdischer Herkunft als „fünfte Kolonne" des zionistischen Feindes, deren Ziel der Umsturz des „Arbeiter- und Bauernstaates" sei – Hitlers Werk in Polen wurde so vollendet.

Der Zusammenbruch des Kommunismus in Osteuropa und die

Destabilisierung der Sowjetunion schadet der Popularität des Antisemitismus nicht, obwohl er jetzt nicht mehr durch die Machthabenden propagiert und manipuliert wird. Organisationen wie die Pamyat-Bewegung schüren einen ungestümen russischen Nationalismus, der in Rußland antisemitische Motive der Zarenzeit reaktiviert, während die Juden für die bolschewistische Revolution, die Massenmorde des Stalinismus und alle sozialen, religiösen und politischen Mißstände der heutigen Gesellschaft verantwortlich gemacht werden. Die Tendenz, der jüdischen Bevölkerung das „Versagen" des Kommunismus anzulasten, wurde auch in Polen, in Rumänien, Ungarn, den baltischen Staaten und der ehemaligen DDR deutlich. In Polen griff zum Beispiel Erzbischof Glemp antikommunistische Themen wieder auf, die auf den polnischen Nationalisten Roman Dmowski zurückgehen, dessen bösartige antisemitische Endcja-Partei in der Zwischenkriegszeit die massenhafte „Evakuierung" der großen jüdischen Minorität Polens unterstützt hatte.

Eine starke Quelle des Antisemitismus der Nachkriegszeit ist ohne Zweifel auch in der islamisch-arabischen Welt zu suchen. Die wissenschaftliche Beurteilung der Haltung der Bevölkerung in den arabischen Ländern gegenüber den Juden wird erschwert durch die Tatsache, daß es keine Feldstudie oder Meinungsumfrage zu diesem Thema gibt. Seit den fünfziger Jahren breitete sich dort jedoch rasch eine umfangreiche antisemitische Literatur aus, deren Motivation zumeist im arabisch-israelischen Krieg zu suchen ist. Diese Literatur wurde von amtlichen Verlagshäusern unter der Schirmherrschaft von Regierungen veröffentlicht und entsprach genau dem öffentlichen Bewußtsein der arabischen Gesellschaft. Der Antisemitismus trug ideologische Züge und versuchte die „Verderbtheit" des Staates Israel als einen Auswuchs des „verdorbenen Charakters" des jüdischen Volkes, seiner Religion, Geschichte und Kultur erscheinen zu lassen. Das Motiv der „jüdischen Weltverschwörung", das in den „Protokollen der Weisen von Zion" entwickelt ist, die noch immer eine weit verbreitete

Quelle in der arabisch-islamischen Welt sind, wurde von den arabischen, politischen und intellektuellen Eliten mit Nachdruck ebenso verbreitet, wie die Stereotypen, die Juden als abstoßende Betrüger darstellten und sich auf eine ältere islamische Literatur beziehen. Diese Entwicklung hat in gewissen Maßen auch eine negative Rückwirkung auf den europäischen Antisemitismus in der Nachkriegszeit ausgeübt.

Zusammenfassend betrachtet lassen sich also unterschiedliche kulturelle, religiöse und politische Wurzeln für das gegenwärtige Wiedererwachen des Antisemitismus in Russland und Mittel- und Osteuropa feststellen. Das Motiv der jüdischen Weltverschwörung ist jedenfalls noch immer weit verbreitet so wie die Stereotypen, die Juden als heimtückische und gefährliche Betrüger darstellen. Der Zusammenbruch des Kommunismus hat den Antisemitismus in Osteuropa ohne Zweifel noch mehr als zuvor zugespitzt.

WOLFGANG BENZ

ANTISEMITISMUS IN DEUTSCHLAND

Tradition und Trends seit der Vereinigung

Zeitgleich mit der Öffnung der Grenzen in Europa, mit dem Ende der Polarisierung der Machtblöcke in Ost und West, mit der Vereinigung der beiden deutschen Nachkriegsstaaten zeigt sich der Antisemitismus neu belebt – in traditioneller oder in neuartiger Erscheinungsform. Feindschaft gegen Juden erscheint in Verbindung nationaler Selbstidentifikation und wirtschaftlicher Krisen mit Ausländerhaß, Diskriminierung ethnischer Minderheiten oder Rechtsextremismus in Deutschland ebenso wie in Polen oder in Rußland, der Ukraine, in Frankreich, wie in Rumänien wieder auf der politischen Szene. Ausprägungen und Ursachen des wiederbelebten oder tradierten Phänomens weisen erhebliche regionale und nationale Unterschiede auf: Während es sich in Polen ganz offensichtlich um den traditionellen, religiösen und politisch motivierten Antisemitismus handelt, wurzelt die Judenfeindschaft in Frankreich in der antiliberalen und neorassistischen Ideologie der dortigen „Neuen Rechten".

Nicht nur in Osteuropa, auch in Österreich ist das Wiederaufleben des alten Antisemitismus zu beobachten. Neue Zentren judenfeindlicher Agitation sind in der arabischen Welt, ja sogar in Japan, entstanden. Dieser Antisemitismus, teils durch innenpolitische Konflikte wie die Auseinandersetzungen um den Bundespräsidenten Waldheim, teils durch außenpolitische Konfrontationen (Nahostkonflikt, Golfkrieg) mobilisiert, bedient sich traditioneller Argumente und Stereotypen; die alten Phänomene bedürfen freilich neuer Erklärungsmodelle, aus denen dann wiederum Abwehrstrategien zu gewinnen wären.[1]

In Deutschland sind – zahlenmäßig eher geringfügig – traditionelle antisemitische Vorurteilsstrukturen ebenso zu beobachten wie neue Formen des Ressentiments gegen Juden. Sie speisen sich aus unverarbeiteten Gefühlen von Scham und Schuld, und diese Ressentiments müssen sich nicht unbedingt gegen Juden richten. Die Funktion des Aggressionsobjektes ist vielfach auf andere Minderheiten übergegangen.[2]

Seit einiger Zeit wird in Deutschland Gewalt gegen Ausländer, gegen Asylsuchende, Gastarbeiter, Studenten und Touristen geübt. Nicht nur physische Gewalt wie in Hoyerswerda und an erschrekkend vielen weiteren Orten in Ost- und Westdeutschland – verbale Attacken gingen den Steinwürfen und Brandsätzen gegen Wohnheime voraus.

Fremdenhaß eskaliert vor laufenden Fernsehkameras und eingeschalteten Mikrophonen, in Leserbriefen und auf jede andere mögliche öffentliche Weise. Mit Bezeichnungen wie „Zwischen- und Untermenschen" oder „Viehzeug", das ausgerottet, vernichtet werden müsse, feiert schlimmster Rassismus Auferstehung, wird ein Herrenmenschentum hervorgekehrt, das nach der katastrophalen Erfahrung des Nationalsozialismus mit dem im Völkermord endenden Antisemitismus überwunden geglaubt schien.

Die Haßtiraden und Gewaltakte gegen Polen und Afrikaner, gegen Vietnamesen oder Russen, gegen Araber und Osteuropäer, gegen fremdaussehende Vertreter anderer Kulturen mögen erklärbar sein aus Gefühlen der Angst und Frustration, die manche Deutsche befallen haben – Angst macht intolerant und illiberal –, sie mögen erklärbar sein aus dem Darstellungsbedürfnis einer radikalen Minderheit, die sich lang gewohnter obrigkeitsstaatlicher Fesseln ledig fühlt und der in Ostdeutschland ein hilflos und unsicher gewordener polizeilicher Abwehrapparat gegenübersteht.

Die klassischen Erklärungsmuster für extremes, insbesondere rechtsextremes Verhalten machen soziale und ökonomische Krisen verantwortlich, sie reichen aber für die neue Welle gewaltsamer Radikalität in Deutschland nicht mehr aus. Der Zusammenbruch der DDR bedeutet für viele neben der sozialen eine geistige und emotionale Krise, in der neue Sinngebungen gesucht werden.[3] Daß ausgerechnet der alte deutsche Nationalismus bemüht wird, mag betrübend erscheinen, ist aber auch verständlich: Nach dem verordneten Internationalismus, der propagiert wurde, aber nicht gelebt werden konnte, nach dem offiziellen Antifaschismus mochte der Rückgriff auf Parolen wie „Deutschland den Deutschen" oder, häufig zu beobachten, ein ganz unartikuliertes Gefühl von „Deutschtum" als Synonym für verlorene Nestwärme taugen. Als kleinster gemeinsamer Nenner in einer von westdeutscher Arroganz zunehmend dominierten Welt, in der Empfindungen von Verlust, Minderwertigkeit, Vergeblichkeit den Alltag in den neuen Bundesländer bestimmen, erscheint die aggressive Verteidigung des Nationalen als eine letzte Möglichkeit, Identität zu bewahren.

Rechtsextreme Parteien und Gruppen aus der alten Bundesrepublik haben das Ihre beigetragen, durch Propaganda, durch materielle und ideologische Hilfe seit den Leipziger Montagsdemonstrationen des Jahres 1989, in die sich dann Republikaner wie Neonazis eingemischt haben. Und sie sind auch bei den jüngsten Anschlägen wieder dabei. Auf der Suche nach neuem Sinn ist aber auch eine eigene Radikalität entstanden, die nicht westdeutscher Führung bedarf. Die Zauberworte lauten „Befreiungsnationalismus" und „Dritter Weg" zwischen altem Nationalismus und überwundenem Sozialismus: Kapitalismus ist den Propagandisten des Dritten Weges so suspekt wie Kommunismus; so werden die Brüder Straßer vom sogenannten Linken Flügel der NSDAP (als vermeintlich vernünftige Vertreter der Hitlerideologie) als Ahnen bemüht, wird Germanentum und dumpfes Deutschsein kultiviert.

Die neuen Rechtsextremisten sind eine kleine Minderheit in Deutschland,[4] das darf man nicht vergessen, trotz der Anschluß- und Wiederholungstaten nach Hoyerswerda, die in der ganzen

Bundesrepublik zu beklagen sind. Dafür, daß die Zahl der Extremisten derzeit ansteigt und für eine Weile noch steigen wird, gibt es Erklärungen, und gegen extremistische Gewalttäter gibt es Möglichkeiten politischer und polizeilicher Abwehr, die Demokratie und Rechtsstaatlichkeit nicht beschädigen.[5] Schlimm ist etwas anderes. Schlimm ist der Beifall, den Bürger der Gewalt spenden, die gegen Minderheiten, gegen Gäste und Hilfesuchende aus dem Ausland angewendet wird. Das hämische Grinsen der Unbeteiligten, ihr Applaus für die Brutalität bieten Grund zur Besorgnis. Wenn Bürger – frustriert oder in Aggression versetzt, durch welchen Anlaß auch immer – Gewalttätern offen und freudig zustimmen, gerät der Rechtsstaat ins Wanken. So ist es erstmals in Hoyerswerda geschehen, aber es passiert überall, wenn Vorurteile gegen Minderheiten mobilisiert oder wenn Frustrationen durch Projektionen auf Feindbilder agiert werden.

Unter den Machthabern des Landes gäbe es vorwiegend Mißtrauen gegenüber den Juden, und die Bevölkerung empfinde „den schon immer dagewesenen Antisemitismus". So formulierte eine jüdische Bürgerin das bittere Fazit von 26 Jahren ihres Lebens in der DDR: In Berlin 1932 mit polnisch-jüdischer Herkunft geboren, nach Australien emigriert und dort 17jährig der Kommunistischen Partei beigetreten, war sie 1963 in die DDR übersiedelt, voll Hoffnung, als deutsche Kommunistin im Staat des propagierten Antifaschismus Heimat und Identität zu finden. Der Bericht über ihre Enttäuschung, über den Antisemitismus in der DDR erschien im Juni 1989 („Wie ich in der DDR aus einer Kommunistin zu einer Jüdin wurde") in einem Nachrichtenblatt der Evangelischen Kirche in der Bundesrepublik. Salomea Genins Erfahrung mit dem offiziell nicht existierenden Antisemitismus: „Er ist seit 1945 von sehr vielen Menschen zusammen mit der echten Schuld und den dazugehörigen Schuldgefühlen nur verdrängt worden. Es gibt keine kollektive Schuld, aber ein kollektives Schuldgefühl, das, da nicht verarbeitet, auch an die ‚Nachgeborenen' weitergegeben worden ist. Trotz der ‚Gedenkepidemie' vom Frühjahr bis November 1988 und einem neuen Bewußtsein, daß es Juden hier gibt, wird um das vergangene Schweigen keine Auseinandersetzung geführt. Damit hat kaum jemand eine Chance, sich mit seinem eigenen, oft unbewußten Antisemitismus auseinanderzusetzen."[6]

Im Alltag der DDR haben Juden keine Rolle gespielt, das war schon rein zahlenmäßig nicht möglich.[7] Dagegen galt der Staat Israel als „unheilvolle Ehe zwischen politischem Zionismus und Imperialismus"; der Zionismus selbst war pauschal definiert „als imperialistische, reaktionäre Ideologie". Und die israelische Politik war qualifiziert als ausschließliche Aggression gegenüber der Sache der Araber und insbesondere der Palästinenser. Die israelische Armee wurde folgerichtig als Inkarnation des Bösen schlechthin dargestellt: „Der militante Geist des zionistischen Staates hat bei der Mehrheit von Israels Soldaten tiefe moralische Spuren hinterlassen. Viele sind gleichgültig gegenüber Schicksalen fremder Völker geworden."[8]

Daß solche Formeln der Diffamierung ihre Prägekraft behalten, liegt auf der Hand. Dazu kommt aber noch ein weiteres Moment: Der Staat DDR öffnete sich, in seiner letzten Phase unter Erich Honecker, der kleinen jüdischen Gemeinde. Das Gedenkjahr 1988 und die bevorstehenden Feierlichkeiten 1989 zum 40. Geburtstag des Staates machten entsprechende Gesten erforderlich, es war schließlich auch eine Frage der internationalen Reputation. Aber parallel zu dieser Öffnung und in Reaktion darauf verstärkte sich in den rechtsextremen, offiziell natürlich geleugneten, Gruppierungen der „Faschos" und „Skinheads" die Artikulation antisemitischer Tendenzen.[9] Im November 1988 veranstalteten Skinheads als Reflex auf das staatlich verordnete Gedenken an den 50. Jahrestag der Novemberereignisse eine „Pogromnacht" in Dresden.

Was unter dem Mantel der offiziell propagierten Ideologie des

Antifaschismus tatsächlich in der DDR vorging, hat Konrad Weiß als erster öffentlich gemacht. Die Parallelen zur Bundesrepublik waren deutlich genug sichtbar: „Die Deutschen, hier wie dort, sind zu schnell zur Tagesordnung der neuen Ordnung übergegangen. Scham und Reue wurden auch dadurch behindert, daß dem verkündeten humanistischen Anspruch der Antifaschisten alsbald der stalinistische Terror der Nachkriegsjahre entgegenstand. Das diskreditierte bei vielen, die sich schuldig wußten, die antifaschistische Idee und den antifaschistischen Staat. Die aufkeimende Bereitschaft zur Umkehr schlug um in einen neuen, jedoch in der tiefsten Seele verborgen gehaltenen Fanatismus. Die braunen Bücher und die Schellackplatte mit den strammen Liedern landeten nicht auf dem Müll, sondern wurden in finsteren Kellerecken konserviert. In den Köpfen blieben sie gegenwärtig. Nun wird der braune Stafettenstab an die Enkel weitergereicht." [10]

Aber in der Bundesrepublik bestand keinerlei Anlaß zur Überheblichkeit. Organisierter oder versteckter Rechtsextremismus gehört zur Geschichte des Staates Bundesrepublik von allem Anfang an [11]; man sollte hier jedoch die zahlenmäßig belanglosen Neonazis, Nationalisten und sonstigen organisierten Rechtsradikalen nicht überbewerten, denn das eigentliche Problem bilden nicht die wenigen, die sich offen zu Ausländerhaß und Antisemitismus bekennen, die Hitler nachtrauern oder wieder ein Großdeutsches Reich aufrichten wollen.

Dem Antisemitismus als politischem und gesellschaftlichem Problem wird in der Bundesrepublik von Demoskopen viel Aufmerksamkeit gewidmet, Politiker und öffentliche Meinung sind dem Phänomen Antisemitismus gegenüber hoch empfindlich, und die Sache ist Gegenstand vielfältiger wissenschaftlicher Forschung.[12]

Der Umgang der Mehrheit mit der Vergangenheit bildet den Prüfstein für die Bewältigung künftiger Probleme. Hier besteht aber Anlaß zur Skepsis. Ebenso gängige wie ärgerliche Reaktionen haben sich mit wachsendem Abstand von den Ereignissen eingebürgert wie das Leugnen oder Verharmlosen des Völkermords oder das Aufrechnen deutscher Verbrechen mit deutschen Leiden nach 1945. Diese Reaktionen sind typisch für die kleinbürgerliche Mentalität einer bestimmten Schicht. Noch verbreiteter sind Formen der Amnesie, die vom Schweigen bis zur Forderung reichen, die Beschäftigung mit dem widrigen Gegenstand als abgeschlossen, da genügend erfolgt, zu erklären. Man müsse einen Schlußstrich unter die böse deutsche Vergangenheit ziehen, endlich aus dem Schatten Hitlers heraustreten, so das Postulat auch prominenter konservativer Politiker.

In der Erinnerung der Deutschen blieb Auschwitz das Tabu schlechthin, selbst wenn das Problem thematisiert wurde.[13]

Wenn die Vertreter der Evangelischen Kirche im Oktober 1945 in ihrer Stuttgarter Erklärung von einer „Solidarität der Schuld" sprachen, so blieb das Bekenntnis doch ebenso allgemein („durch uns ist unendliches Leid über viele Völker und Länder gebracht worden") wie christlich-selbstbezogen („wir klagen uns an, daß wir nicht mutiger bekannt, nicht treuer gebetet, nicht fröhlicher geglaubt und nicht brennender geliebt haben"). Von den Juden war nicht die Rede.[14]

Als die Bundesrepublik vier Jahre später, 1949, ins Leben trat, war die Verurteilung der Verbrechen des NS-Staats zwar allgemein und selbstverständlich, aber eine öffentliche, die kollektive Erinnerung stimulierende Erklärung gab es nicht.

Als sie der Parlamentspräsident Jenninger 1988 zum 50. Jahrestag des Novemberpogroms versuchte, ging es auf so dramatische wie peinliche Weise schief.[15] Sicherlich hatten sich die Exponenten der jungen Bundesrepublik nach Kräften bemüht, öffentlich die Positionen des bürgerlichen Anstands wieder deutlich zu machen, wenn sie an den Holocaust erinnerten. Aber die Anlässe, die Theodor Heuss oder Konrad Adenauer dazu veranlaßten, waren nur zu oft Verwüstungen jüdischer Friedhöfe oder Hakenkreuze an Synagogen.

Zwei Verhaltensweisen breiteten sich im westlichen Nachkriegsdeutschland aus, natürlich nur bei denen, die nicht blind und stumpf waren und ohnehin keine Gedanken an das Vergangene verschwendeten: Die einen suchten das Heil in unreflektiertem Philosemitismus und verlagerten das Problem auf die Ebene christlich-jüdischer Begegnung,[16] die anderen gerieten nach Auschwitz und wegen Auschwitz aus dem Gefühl unbewußter und unbewältigter Schuld heraus in neue Ressentiments gegen die Juden, in neuen Antisemitismus.[17]

Die vier Verjährungdebatten des Bundestages (1960, 1965, 1969 und 1979) waren noch vom Konsens der Demokraten gegen den Nationalsozialismus, von der Verurteilung des Judenmordes getragen, und in der Verachtung der rechtsradikalen Publizistik waren sich die Parlamentarier vom konservativen bis zum linken Rand einig.[18] Eine kurze Zeit gab es Ende der siebziger Jahre auch, als die große Mehrheit, emotional angerührt von der Fernsehserie Holocaust, über den Judenmord nachdenklich war. Aber auf Dauer war das Diktum von Franz Josef Strauß tröstlicher, „ein Volk, das diese wirtschaftlichen Leistungen erbracht hat, hat ein Recht darauf, von Auschwitz nichts mehr hören zu wollen".[19]

Das Parlament der DDR, deren Führung vier Jahrzehnte lang die Konsequenz aus dem Erinnern an die jüdische Katastrophe verweigert hatte, tat im April 1990, unmittelbar vor Toresschluß, den befreienden Schritt, dem die Bundesrepublik trotz ihrer beachtlichen materiellen Anstrengungen zur „Wiedergutmachung" und trotz vielfachen Bemühens nichts Gleiches an die Seite setzen konnte, weil immer die rigorose und eindeutige Formulierung versäumt wurde. In der gemeinsamen Erklärung aller Fraktionen der Volkskammer im Frühjahr 1990 hieß es, das erste frei gewählte Parlament der DDR bekenne sich „zur Mitverantwortung für Demütigung, Vertreibung und Ermordung jüdischer Frauen, Männer und Kinder. Wir empfinden Trauer und Scham und bekennen uns zu dieser Last der deutschen Geschichte."[20]

Der Deutsche Bundestag in Bonn hat so etwas niemals zustande gebracht, und keine Bundesregierung hat jemals formell und feierlich ausgedrückt, daß aus der gemeinsamen Verantwortung für die Demütigung, Vertreibung, Ermordung der jüdischen Frauen, Männer, Kinder Verpflichtung entstand. Gewiß, Bonn hat frühzeitig die materielle Erblast übernommen und sich um „Wiedergutmachung" und „Entschädigung" bemüht, aber materielle Großzügigkeit paarte sich mit Widerstreben gegen die Erinnerung an das Vergangene, und Triebfeder der Entscheidung, die Schäden nach Kräften zu lindern, war nicht so sehr Reue, Scham, Entsetzen über das Geschehene, sondern politisches Kalkül: Wieviel mehr internationale Reputation ließ sich für die junge Bundesrepublik gewinnen, wenn sie die materielle Schuld annahm, die die DDR glatt ausschlug. Der BRD hat die Bereitschaft zur ökonomischen Wiedergutmachung reichen Zins getragen, der DDR hat die Negierung des Erbes arg geschadet.[21]

In den Gründertagen der Bundesrepublik, im Sommer 1949, bezeichnete der designierte amerikanische Hohe Kommissar in Bonn, John McCloy, das künftige Verhältnis der Deutschen zu den Juden als „die Feuerprobe der deutschen Demokratie". McCloy tat das in einer öffentlichen Rede, und die Zeitungen berichteten darüber.[22] Anlaß war der nach Meinungsumfragen weit verbreitete und wachsende Antisemitismus der Deutschen in der Ära nach Hitler. Zwar gab es kaum noch deutsche Juden, aber in einigen Großstädten, vor allem in und um München und Frankfurt, brachten jüdische „Displaced Persons" den Deutschen zu Bewußtsein, daß es spezielle Probleme der Juden in Deutschland und der Deutschen mit den Juden gab.

Nach der Auswanderung der Mehrheit dieser „Displaced Persons" nach Israel ab 1948 war das Problem kaum mehr mit Augen zu sehen und mit Händen zu greifen, die wenigsten Deutschen haben noch die Möglichkeit zum Kontakt mit Juden in Deutschland. Die Einladung der scheidenden DDR-Regierung an die Juden aus der Sowjetunion wird – rein zahlenmäßig gesehen –

daran wenig ändern. Möglicherweise wird aber ihre Anwesenheit alte Ressentiments zu neuem Leben erwecken. Jüdische Emigranten aus den Staaten der früheren Sowjetunion, Flüchtlinge vor dem dortigen Antisemitismus, leben seit einiger Zeit auf deutschem Boden. Das bietet amtlichen Stellen Anlaß zur Besorgnis, es könnten noch viele nachkommen, dem müsse man mit einer Quotenregelung entgegensteuern. Denn *Juden*, die in der Bundesrepublik um Aufnahme bitten, kann man aus moralischem Grund nicht wie andere Asylbewerber von vorneherein abweisend behandeln. Also suchte man zunächst nach Gesten zwischen Abwehr und Duldung: jährlich 600 Juden aus der Sowjetunion sollten einreisen dürfen. Proteste waren unvermeidlich. Die einen fürchteten den Neubeginn einer ostjüdischen Einwanderungswelle wie zu Anfang des Jahrhunderts und nach 1918 und die Wiederholung der Zeichen von Abwehr, Distanz und neu aufflammendem Antisemitismus. Die anderen beklagten den Kleinmut deutscher Behörden, die ausgerechnet diesen Menschen gegenüber restriktiv reagierten.[23] Ihrer Anwesenheit bedarf es aber gar nicht, um Besorgnisse vor einem neuen Antisemitismus – in einem weiteren Verständnis, das nicht nur Juden als Objekte der Feindschaft begreift – in Deutschland zu haben.

Herablassung gegen Gastarbeiter, Verachtung Andersaussehender, Haß gegen Asylbewerber, Neid gegenüber Aus- und Übersiedlern, Furcht vor „Überfremdung", dieser Katalog der deutschen Spießerängste gehörte längst zum Alltag der westdeutschen Wohlstandsgesellschaft, jedoch bestand Konsens in der offiziellen Ablehnung solcher Verhaltensweisen. Die Indizien für einen Stimmungsumschwung in der Bundesrepublik sind seit Hoyerswerda unübersehbar. Und Meinungsäußerungen aus der ehemaligen DDR ließen längst Schlimmes ahnen.

In Leserbriefen an die in Ostberlin erscheinende „Berliner Zeitung" artikulierte sich im Dezember 1989 weniger Aufbruchstimmung als Fremdenhaß: „Jeder kennt die Mentalität der Polen.

Sie sind größtenteils arbeitsscheu und verdienen auch oft ihr Geld nicht auf ehrliche Weise", schreibt jemand, und in einem anderen Brief wollte einer „ganz gern auch mal darüber etwas sagen, wie unverschämt und frech sich die vollgepackten Polen gegenüber DDR-Bürgern benehmen, was bisher auch nicht zur Sympathiebildung beigetragen hat."

Den in Ostdeutschland lebenden Afrikanern und Asiaten gelten die ärgsten Aggressionen. „Das Viehzeug gehört ausgerottet", verlangte im Frühjahr 1990 ein junger Mensch aus Sachsen ohne Hemmung vor der laufenden Fernsehkamera. Objekte seines Abscheus waren die in seiner Heimatstadt Riesa lebenden Menschen aus Mocambique.[24]

Welche Aggression kommt da, nach jahrzehntelang erzwungener Heuchelei, an den Tag, und welche Aggression, sublimiert als deutscher Ordnungssinn, hat sich in der letzten Zeit ausgebreitet, offen artikuliert im unreflektierten Gebrüll „Ausländer raus" und „Deutschland den Deutschen" der Rechtsradikalen und ihrer Sympathisanten, rationalisiert mit Stichworten wie „Arbeitsplatzsicherung", „soziales Netz" und „sozialer Frieden", und solchermaßen auch von konservativen Politikern vertreten.

Viele Anzeichen deuten darauf hin, daß die Übergangszeit von der DDR zur größeren neuen Bundesrepublik von der klassischen Konstellation aus Zukunftsangst, ökonomischem Desaster und sozialer Unsicherheit bestimmt ist, die sich in Intoleranz, Aggression gegen Fremde und Minderheiten und in krampfhaft gesteigertem Selbstgefühl, das der Sublimierung von Neid und Inferioritätskomplexen dient, entlädt.

Offensichtlich ergibt sich auch aus jahrzehntelanger erzwungener Heuchelei ein Nachholbedürfnis an rechtsradikaler Aktion. Gefühle der Bedrohung durch die wirtschaftlichen und sozialen Lasten der Vereinigung breiten sich aber auch in der alten Bundesrepublik aus. Wird man die Gemeinsamkeit im Zusammenstehen gegen vermeintliche gemeinsame Feinde – Ausländer, Asylanten, Minderheiten – suchen? Wird sich die Solidarität deutscher Kleinbürgerlichkeit in Antisemitismus (wie immer auch verbrämt, welche Feindbilder er auch realiter ausprägen wird) und Fremdenfeindlichkeit manifestieren? Wird das Spießertum im vermeintlichen Patriotismus, im „Stolz, deutsch zu sein" triumphieren und den Nachbarn deutschen Fleiß, deutschen Ordnungssinn, deutsche Tüchtigkeit und deutsche Sauberkeit, deutschen Erfolg demonstrieren, bis man sich wieder vor den Deutschen fürchten muß? Das ist ein ebenso besorgniserregender Gedanke wie die Vorstellung, daß die ersten – bescheidenen – Schritte in Richtung einer multikulturellen Gesellschaft auf deutschem Boden vergeblich gewesen sein könnten.

Prognosen, ob Deutschland wieder zum Nährboden für einen neuen oder den alten Antisemitismus werden könnte, sind unmöglich, zu sehr sind die Dinge im Fluß. Demoskopische Untersuchungen haben ergeben, daß Antisemitismus als persönliches Vorurteil in der Bundesrepublik seit den sechziger Jahren in Rückgang begriffen ist. Seit Ende der achtziger Jahre rechnet man, daß etwa 15 Prozent der deutschen Bevölkerung antisemitische Einstellungen haben, und in dieser Bevölkerungsgruppe überwiegen wiederum die Älteren. Das heißt, jeder sechste Deutsche hat Vorurteile gegen Juden. Bemerkenswert ist dabei der große Vorsprung der Westdeutschen (16 Prozent) vor den Bürgern der ehemaligen DDR (4 Prozent): Nach der in den Medien exzessiv demonstrierten Feindschaft gegen Ausländer überrascht dieses Ergebnis. Peinlich genug ist der mit 15 Prozent protokollierte Durchschnittswert der antijüdischen Ressentiments.[25] Zur Schwarzmalerei besteht trotz allem kein Anlaß, denn der politisch organisierte Rechtsextremismus spielt im öffentlichen Leben Deutschlands keine nennenswerte Rolle; der organisierte Rechtsradikalismus ist – verglichen mit anderen Ländern – gering und ohne Einfluß. Antisemitismus öffentlich zu artikulieren, wird auf deutschem Boden auch künftig nicht erlaubt sein. Aber es existieren natürlich Diskrepanzen, sie werden sich analog der sozialen Unsicherheiten und Ängste verstärken. So bieten der so überraschend öffentlich gewordene Rassismus und Fremdenhaß in der ehemaligen DDR und die gleichen ebenso unerfreulichen Erscheinungen in den alten Bundesländern Anlaß zur Besorgnis. Nicht minder aber auch die Haltung gegenüber Asylbewerbern durch Regierung und Verwaltung in Bonn, Arroganz gegen Ausländer und die „Das-Boot-ist-voll"-Mentalität in weiten Kreisen der Bevölkerung.

Ob alle Deutschen den sozialen und psychologischen, möglicherweise auch den ökonomischen Folgen der Vereinigung gewachsen sind, ohne ihre Aggressionen und Frustrationen mit rassistischen, nationalistischen oder antisemitischen Feindbildern abzureagieren, bleibt vorerst nur zu hoffen.

Anmerkungen

1 Vgl. Herbert A. Strauss, Werner Bergmann, Christhard Hoffmann (Hrsg.), Der Antisemitismus der Gegenwart, Frankfurt, New York 1990; Wolfgang Benz (Hrsg.), Jahrbuch für Antisemitismusforschung, Band 1, Frankfurt, New York 1992.

2 Werner Bergmann, Rainer Erb (Hrsg.), Antisemitismus in der politischen Kultur nach 1945, Opladen 1990; Werner Bergmann, Rainer Erb (Hrsg.), Antisemitismus in der Bundesrepublik Deutschland. Ergebnisse der empirischen Forschung von 1946 - 1989, Opladen 1991.

3 Vgl. die Beschreibung des Phänomens und Erklärungsansätze bei Hans-Joachim Maaz, Der Gefühlsstau. Ein Psychogramm der DDR, Berlin 1990; s.a. Hans-Joachim Maaz, Das gestürzte Volk oder die unglückliche Einheit, Berlin 1991. Dort (S. 56) folgende Einschätzung der Situation: „Orientierungsverlust und existentielle Verunsicherung schaffen ein Klima von Spannung und Gereiztheit, Enttäuschung und Verbitterung, von neuer Demütigung und Kränkung, was die alten Wunden vertieft, statt heilt, wobei das Auftreten von vielen Westdeutschen die Verletzungen noch verschärft. Die positiven Erfahrungen aus der Wendezeit haben Hoffnungen geschürt, durch deren Nichterfüllung der Absturz in die alte Verzweiflung und Resignation noch nachhaltiger wird."

4 Vgl. Thomas Assheuer/Hans Sarkowicz, Rechtsradikale in Deutschland. Die

alte und die neue Rechte, München 1990; Christoph Butterwegge/Horst Isola (Hrsg.), Rechtsextremismus im vereinten Deutschland. Randerscheinung oder Gefahr für die Demokratie?, Bremen/Berlin 1990.

5 Der Verfassungsschutzbericht 1990, hrsgg. vom Bundesminister des Innern, Bonn 1991 (mit offiziellem Erscheinungsdatum August 1990) enthält nur pauschale Angaben über die neuen Bundesländer wie die folgende: „Soweit bisher bekannt wurde, scheint der Anteil von Rechtsextremisten unter den Skinheads in Ostdeutschland größer zu sein als in Westdeutschland... Wegen des unvollständigen Informationsstandes können derzeit noch keine exakten Aussagen über das Gewaltpotential neonationalsozialistischer Skinheads in Ostdeutschland gemacht werden. Die Sicherheitsorgane in den neuen Bundesländern gehen allerdings davon aus, daß mit der allgemeinen Gewalteskalation in und im Umfeld von Sportarenen und in Straßen mit besetzten Häusern auch der Anteil der neonazistisch motivierten Gewalt von Skinheadgruppen beachtlich zugenommen habe und weiter zunehmen werde.
Polizei, Presse und Fernsehen dokumentieren immer wieder, daß neonationalsozialistische Skinheads in Ostdeutschland ihre Gesinnungsgenossen in Westdeutschland nicht nur in Anzahl, sondern auch in Politisierung und Brutalität deutlich übertreffen." Verfassungsschutzbericht 1990, S 119.

6 Salomea Genin, „Wie ich in der DDR aus einer Kommunistin zu einer Jüdin wurde", ursprünglich in epd-Dokumentation/Kirche im Sozialismus (Evangelischer Pressedienst, Frankfurt a.M., Nr. 28a/89, 26.6.1989), jetzt in Wolfgang Benz (Hrsg.), Das Exil der kleinen Leute. Alltagserfahrung deutscher Juden in der Emigration, München 1991, S. 309 - 326.

7 Vgl. Peter Kirchner, Die jüdische Minderheit in der ehemaligen DDR, in: Wolfgang Benz (Hrsg.), Zwischen Antisemitismus und Philosemitismus. Juden in der Bundesrepublik, Berlin 1991, S. 29 - 38.

8 Tom Freund, ZAHAL-Report. Geist und Moral der israelischen Armee, Berlin (Militärverlag der DDR) 1988², S. 240.

9 Jugend und Rechtsextremismus in Berlin-Ost, hrsgg. von der Magistratsverwaltung für Jugend, Familie und Sport, Berlin Oktober 1990; Frank Schumann, Glatzen am Alex. Rechtsextremismus in der DDR, Berlin 1990.

10 Konrad Weiß auf dem Evangelischen Kirchentag, 8. Juni 1989, abgedruckt in: Konrad von Bonin (Hrsg.), Deutscher Evangelischer Kirchentag Berlin 1989. Dokumente, Stuttgart 1989, S. 719.

11 Vgl. Wolfgang Benz (Hrsg.), Rechtsextremismus in der Bundesrepublik. Voraussetzungen, Zusammenhänge, Wirkungen, Frankfurt a. M. 1989.

12 Werner Bergmann, Sind die Deutschen antisemitisch? Meinungsumfragen von 1946 - 1987 in der Bundesrepublik Deutschland, in: Werner Bergmann und Rainer Erb (Hrsg.), Antisemitismus in der politischen Kultur nach 1945, Opladen 1990, S. 108 - 130; Herbert A. Strauss, Werner Bergmann, Christhard Hoffmann (Hrsg.), Der Antisemitismus der Gegenwart, Frankfurt 1990.

13 Vgl. dazu Saul Friedländer, The „Final Solution": Unease in Interpretation, in: History and Memory. Studies in Representation of the Past, Vol. 1, Nr. 2, 1989,

p. 61 - 76; Christian Meier, Vierzig Jahre nach Auschwitz. Deutsche Geschichtserinnerung heute, München 1990.

14 Armin Boyens, Das Stuttgarter Schuldbekenntnis vom 19. Oktober 1945. Enstehung und Bedeutung, in: Vierteljahrshefte für Zeitgeschichte 19 (1971), S. 374 - 397; Martin Greschat (Hrsg.), Die Schuld der Kirche. Dokumente und Reflexionen zur Stuttgarter Schulderklärung vom 18./19. Oktober 1945, München 1982; Clemens Vollnhals, Evangelische Kirche und Entnazifizierung 1945 - 1949. Die Last der nationalsozialistischen Vergangenheit, München 1989, S. 33.

15 Lutz Niethammer, Jenninger. Vorzeitiges Exposé zur Erforschung eines ungewöhnlich schnellen Rücktritts, in: Babylon. Beiträge zur jüdischen Gegenwart, Heft 5/1989, S. 40 - 46.

16 Frank Stern, Deutsch-jüdisches Neubeginnen nach 1945? Ein Rückblick auf die Gründungen der Gesellschaften für Christlich-Jüdische Zusammenarbeit, in: Journal Geschichte, 1989, Heft 6, S. 19 - 27; ders., Im Anfang war Auschwitz. Antisemitismus und Philosemitismus im deutschen Nachkrieg, Gerlingen 1991.

17 Dan Diner, Negative Symbiose. Deutsche und Juden nach Auschwitz, in: Babylon. Beiträge zur jüdischen Gegenwart, Heft 1 (1986), S. 9 - 20.

18 Wolfgang Benz, Der Nationalsozialismus als Problem der politischen Kultur der Bundesrepublik, in: Irma Hanke/Hannemor Keidel (Hrsg.), Unruhe ist die erste Bürgerpflicht. Politik und Politikvermittlung in den 80er Jahren, Baden- Baden 1988, S. 55 - 73.

19 Zit. nach Die Zeit, 7.10.1988 (Worte von Franz Josef Strauß).

20 Wortlaut der gemeinsamen Erklärung der Fraktionen der Volkskammer der DDR, 12.4.1990 (ADN).

21 Vgl. Ludolf Herbst und Constantin Goschler (Hrsg.), Wiedergutmachung in der Bundesrepublik Deutschland, München 1989.

22 W. E. Süskind, Judenfrage als Prüfstein, in: Süddeutsche Zeitung, 2. Aug. 1949; zum Hintergrund vgl. Juliane Wetzel, Jüdisches Leben in München 1945-1951. Durchgangsstation oder Wiederaufbau?, München 1987.

23 Vgl. Ljudmila Duwidowitsch, Aus der Sowjetunion nach Deutschland - Jüdische Erfahrungen, in: Wolfgang Benz (Hrsg.), Zwischen Antisemitismus und Philosemitismus, S. 99 - 118.

24 Berliner Allgemeine, 3.4.1990 (Sybille Nitsche, „Der Teufel hat ein Durchschnittsgesicht". Über die psychologischen Ursachen des Rechtsextremimus).

25 Angaben nach EMNID-Institut, Zeitgeschichte, Bielefeld 1989; s. a. Bergmann und Erb, Antisemitismus in der Bundesrepublik, S. 69 f. Nach der jüngsten Umfrage (veröffentlicht in: Der Spiegel, 13.1.1992 und 20.1.1992) sind 16 Prozent der Bürger in Westdeutschland, aber nur 4 Prozent in Ostdeutschland antisemitisch eingestellt.

ANTONY POLONSKY

„Liebe und Hass gegenüber den Toten"

Das gegenwärtige Verhältnis der Polen zu den Juden

Heute leben gerade noch 10.000 Juden in Polen. Diese letzten Überlebenden einer der größten und lebendigsten jüdischen Gemeinden in der Welt, einer Gemeinde, die 1939 dreieinhalb Millionen Mitglieder gezählt hatte, sind in ihrer Mehrzahl schon recht alt, und es wird eine äußerst schwierige Aufgabe sein, das Überleben von Juden in Polen für eine weitere Generation sicherzustellen. Aber der Einfluß dieser Gemeinde, deren Spuren überall gefunden werden können – an Bauwerken, im kulturellen Leben und in den Erinnerungen der Leute –, auf das Bewußtsein der Polen ist enorm. Wie bei so vielen anderen Dingen scheinen die Polen hypnotisiert und in die damals vorherrschenden Fragen und Probleme vertieft zu sein.

Bezüglich der jüdischen Frage kann man bei den Polen auf stark gegensätzliche Meinungen stoßen, manchmal sogar in ein und derselben Person. Auf der einen Seite gibt es seit den späten siebziger Jahren ein wiedererwachtes Interesse an der polnisch-jüdischen Vergangenheit. Zum Teil resultiert dieses in dem im wesentlichen monoethnischen und monoreligiösen Polen (obwohl diese Homogenität nicht überschätzt werden sollte) aus einer Sehnsucht nach dem färbigeren Polen der Vergangenheit mit seiner Vielfalt an Religionen und Nationalitäten. Ewa Berberiusz, eine katholische Journalistin in Polen, brachte diesen Gesichtspunkt 1988 folgendermaßen zum Ausdruck:

„Ich möchte sagen, daß mich die Abwesenheit der Juden, an die ich mich noch immer erinnere, die aber gegangen sind, mit einem

Gefühl eines unersetzbaren Verlustes erfüllt. Dieses Gefühl hat nichts mit einer verklärten Erinnerung an das alte Polen zu tun, vielmehr mit einem Gewahrwerden der augenscheinlichen Verarmung der polnischen Kultur. Polen hat einen sehr wichtigen kreativen Beitrag verloren."[1]

Zum anderen ist dieses Interesse das Ergebnis eines wachsenden Bewußtseins, daß es unmöglich ist, die polnische Geschichte und Kultur in ihren Zusammenhängen zu sehen, ohne den Beitrag der nationalen Minderheiten, insbesondere den der Juden, zu berücksichtigen. Die Tatsache, daß ein Drittel der urbanen Bevölkerung in Polen Juden waren, daß sich auf polnischem Boden eine sehr lebendige und dynamische jüdische Kultur, sowohl eine jiddische als auch eine hebräische, entwickelt und einen bedeutenden Einfluß auch auf die polnische Kultur gehabt hatte, wird heute viel besser gewürdigt. Vor allem aber sind das Interesse an den Juden und das Phänomen der „Liebe zu den Toten", das man an so vielen Aspekten des polnischen Lebens erkennen kann, das Ergebnis eines Wunsches, mit den Schattenseiten der polnischen Vergangenheit, in diesem Kontext vor allem mit dem Chauvinismus und Antisemitismus, zurande zu kommen.

Es ist natürlich nur eine Minderheit, die sich damit beschäftigt, aber unter der polnischen Intelligenz ist diese Minderheit sehr stark. Dieses Interesse wurde durch mehrere Faktoren geweckt, unter anderem durch eine Reihe von polnisch-jüdischen Konferenzen zwischen 1983 und 1989 und durch die Erschütterung, die Claude Lanzmanns Film „Shoa" ausgelöscht hat. Dieser Film zeigt, wie tief noch immer antisemitische Stereotypen in der polnischen Bevölkerung verwurzelt sind. In erster Linie aber ist dies das Ergebnis einer neuen Selbstachtung der Polen, insbesondere der Intelligenz, die durch das Auftreten der Solidarität und ihrer schließlich erfolgreichen Herausforderung des kommunistischen Systems entstanden ist. Dies schien das westliche Vorurteil zu widerlegen, daß die Polen unpraktische und inkompetente Träumer seien und gab vielen Polen ein größeres Gefühl des Selbstvertrauens und die Bereitschaft, sich mit den wenig anziehenden Seiten der polnischen Vergangenheit, wie dem Chauvinismus und dem Antisemitismus, auseinanderzusetzen. Diesem Gesichtspunkt wurde am besten von Jan Blonski, Literaturkritiker und Professor für polnische Literatur an der Jagiellonanischen Universität, in seinem viel diskutierten Artikel „Die armen Polen schauen Richtung Ghetto", 1987[2] Ausdruck verliehen.

Blonski nahm als Ausgangspunkt ein Gedicht von Czeslaw Milosz mit dem Titel „Eine arme Christin schaut Richtung Ghetto", das dieser kurz nach der Zerstörung des Ghettos geschrieben hatte. In diesem Gedicht imaginiert Milosz die Zerstörung des Ghettos als die erste Station hin zum Ende der Welt, eine Apokalypse, in welcher er selbst lebendig verbrannt wird. Schlimmer als die Angst vor diesem schrecklichen Tod ist eine andere Angst. Unter der Erde sieht er einen Maulwurf, den Wächter der Unterwelt, mit offensichtlich jüdischen Gesichtszügen, der auf seinem Weg die Leichen, die er findet, überprüft. Aus dem Spektrogramm seines Körpers erkennt er den Dichter und er „zählt mich zu den Helfern des Todes, den Unbeschnittenen". Es wird somit die Verantwortlichkeit der gesamten christlichen Welt für den Massenmord an den Juden anerkannt.

Blonski meint, daß alle Versuche von Polen, über ihr Verhalten bei diesem Mord zu sprechen, sei es mit Juden oder mit anderen, sehr schnell darauf hinauslaufen, daß sie nach Entschuldigungen und Rechtfertigungen für das Verhalten der Polen suchen. Die Erklärung hiefür ist seiner Ansicht nach klar. Der Grund ist, daß viele Polen, sei es bewußt oder unbewußt, sich davor fürchten, ihr Verhalten rechtfertigen zu müssen, daß sie sich davor fürchten, der Wächter der Unterwelt könnte ihnen, nachdem er in seinem Buch nachgeschlagen habe, zurufen: „Ja, und du auch, hast du beim Töten mitgewirkt, und du auch, hast du dabei geholfen, oder, was am schlimmsten wäre, hast du dem Mord an den Juden mit stillschweigender Billigung zugesehen?" Diese Angst kann nicht so leicht ausgeräumt werden, auch wenn sie die Polen mit dem übrigen Europa teilen müssen. Ihr muß offen begegnet werden.

Die einzige Möglichkeit für die Polen, ihre unbewußte Angst zu schmälern, liegt für Blonski darin, daß sie zu feilschen, sich zu verteidigen und sich zu rechtfertigen aufhören, daß sie aufhören über Dinge zu disputieren, die nicht in ihrer Macht lagen, weder während der Okkupation noch zuvor, und daß sie nicht den politischen, sozialen und ökonomischen Bedingungen die Schuld geben, sondern daß sie vor allem einmal sagen: „Ja, wir sind schuldig". Dieses Wort „schuldig" war selbstverständlich jenes, welches mehr als alles andere den Leuten im Hals steckengeblieben ist. Sie waren bereit, „verantwortlich" oder „mitverantwortlich" gewesen zu sein; Schuld hingegen war schwer anzunehmen.

Aus Blonskis Sicht ist diese Schuld nicht die Konsequenz des Massenmordes an den Juden, an dem die Polen ja tatsächlich keinen Anteil hatten, sondern ihres Zögerns bei ihren unzulänglichen Bemühungen, Widerstand zu leisten. Das Unterlassen von Taten ist nicht der springende Punkt – wichtiger ist die etwas entferntere Geschichte. „Wenn wir uns in der Vergangenheit nur menschlicher verhalten hätten, wenn wir weiser und edler gewesen wären, dann wäre der Genozid vielleicht weniger vorstellbar gewesen. Seine Ausführung wäre vermutlich beträchtlich schwieriger gewesen, und er wäre fast sicher auf einen größeren Widerstand gestoßen als es der Fall war. Anders ausgedrückt, er wäre nicht auf die Gleichgültigkeit und moralische Verworfenheit einer Gesellschaft getroffen, vor deren Augen sich das alles abgespielt hat."

Blonski benutzt eine kraftvolle Analogie:

„Wir nahmen die Juden bei uns auf, aber wir ließen sie im Keller wohnen. Als sie in unseren Salon kommen wollten, antworteten wir ja, aber erst wenn ihr aufhört Juden zu sein, wenn ihr zivilisiert werdet... Es gab Juden, die sich an diesen Rat hielten, aber erst, als wir damit begannen, von einer Invasion von Juden, von der Gefahr der Infiltration der polnischen Gesellschaft zu sprechen... Schließlich, als wir unser Heim verloren hatten und als die Eindringlinge sich daran machten, die Juden umzubringen, zeigten wir ihnen gegenüber Solidarität? Wie viele von uns entschieden, daß dies nicht unser Geschäft sei? Es gab aber auch jene, und ich lasse die gemeinen Verbrecher außer Betracht, die im Geheimen froh darüber waren, daß Hitler das jüdische Problem für uns gelöst hatte. Wir konnten nicht einmal die Überlebenden willkommen heißen und ehren, auch wenn sie verbittert, desorientiert und vielleicht etwas ermüdend waren.

Ich wiederhole, anstatt zu feilschen und uns zu rechtfertigen, sollten wir zuerst unsere eigenen Fehler und Schwächen bedenken. Das ist die moralische Revolution, die in Anbetracht der polnischen Vergangenheit unumgänglich ist, nur diese kann unseren entweihten Boden allmählich läutern."

Blonski schloß seinen Artikel mit einem Appell an die Polen, es der katholischen Kirche nachzumachen, die ihre antijüdische Vergangenheit verworfen hat. Dabei führt er eine Weigerung der Kirche, das Unrecht der Vergangenheit zu entschuldigen, an:

„Wir kennen die Kirchendokumente gut, in denen bereits zur Zeit Papst Johannes XXIII. das Verhältnis zwischen Christen und Juden, besser gesagt das zwischen Christentum und Judentum, hoffnungsvoll für alle Zeit neudefiniert wurde. In der Rede des Papstes wie auch in diesen Dokumenten wird ein Aspekt sofort klar: Sie befassen sich nicht mit Schuldzuweisungen und auch nicht mit der Erwägung von Ursachen, seien das nun soziale, ökonomische, geistige oder was auch immer – das hat immer nur dazu geführt, daß Christen Juden als Feinde und Eindringlinge betrachteten.

Eines wird klar und deutlich gesagt. Die Christen in der Vergangenheit und die Kirche selbst hatten Unrecht, sie hatten keinen Grund, die Juden als verdammte Nation anzusehen, als die Nation, die schuld am Tod von Jesus Christus sei, und daher als Nation, die aus der Gemeinschaft der Nationen ausgestoßen sein sollte."

Das ist, was ich da locker als Phänomen der „Liebe zu den Toten" bezeichnet habe: der Versuch, in Frieden mit den Toten zu leben, der Versuch, die Toten in die Gemeinschaft der Polen und in das polnische Bewußtsein um die Vergangenheit zu integrieren und der Versuch, die Erinnerung an die Toten durch die Restaurierung ihrer Denkmäler, durch die Erhaltung von Friedhöfen und Synagogen und durch die Veröffentlichung von Arbeiten über die jüdische Kultur zu bewahren. Natürlich sind diese Aktivitäten das Werk einer Minderheit, und zusammen mit dem Phänomen der Liebe zu den Toten gibt es in Polen auch das Phänomen des Haßes gegen die Toten und gemeinsam mit dem Haß gegen die Toten gibt es die Indifferenz gegenüber den Toten.

Ich will noch einmal mit dem Artikel von Blonski beginnen. Dieser hat in Polen eine sehr große Kontroverse hervorgerufen, was nicht überraschend war, da er einen bedeutenden Durchbruch bedeutete, und diese Kontroverse wurde hauptsächlich in der größten katholischen Wochenzeitschrift, in „Tygodnik Powszechny", geführt. Die negativen Reaktionen waren genauso interessant und aufschlußreich wie die positiven Reaktionen und die deutlichste davon, die am klarsten die Sichtweise vertritt, der man in Polen üblicherweise begegnet, war „Eine Erwiderung auf Jan Blonski" von Wladyslaw Sila-Nowicki.[3] Dieser Artikel schokkiert durch seinen häufigen Mißbrauch historischer Fakten, durch seine Gefühllosigkeit und durch seine chauvinistische Verteidigungshaltung.

Sila-Nowicki ist ein Mann von bedeutendem Gewicht. Er ist ein aufrichtiger Patriot, ein Mitglied des polnischen antikommunistischen Untergrunds, der – zum Tode verurteilt – viele Jahre in einem kommunistischen Gefängnis verbracht hat, ein alter Verteidiger von politischen Häftlingen und bis vor kurzem einer der Berater von Präsident Walesa. Er beginnt mit dem Vorwurf an Blonski, dieser spiele den Feinden Polens in die Hände, und er hält „Tygodnik Powszechny" vor, daß es seine Glaubwürdigkeit aufs Spiel setze, wenn es da antipolnische Propaganda betreibe. Er wiederholt dann die bekannten und nicht völlig aus der Luft gegriffenen Fakten, mit denen so viele Polen ihr Verhalten gegenüber den Juden vor, während und nach dem Holocaust rechtfertigten. Er behauptet, daß es den Juden, die Jahrhunderte lang woanders vertrieben worden waren, in Polen möglich gewesen sei, sich anzusiedeln und daß ihre Anzahl beträchtlich gestiegen sei. Vor 1939 hätten die Juden in gewissen Berufen dominiert und einen unverhältnismäßig großen Anteil des polnischen Reichtums kontrolliert. Tatsächlich gibt es eine Phrase, die den polnischen Antisemitismus charakterisiert – sie lautet in polnisch: „Ulicy wasze kamienice nasze", was soviel heißt wie „die Straßen mögen euch gehören, aber die Wohnhäuser gehören uns". Fast jeder in einer polnischen Stadt lebte in einem Wohnhaus, das hauptsächlich von Juden vermietet wurde. Natürlich ist es äußerst zweifelhaft, ob irgendein Jude diese Phrase gebraucht hat, aber für viele Polen schien diese deren privilegierte Stellung im Wirtschaftsleben zu kennzeichnen.

Während des Krieges leistete laut Sila-Nowicki keine europäische Nation mehr, um den Juden zu helfen, als die polnische, obwohl die angedrohte Strafe dafür die Todesstrafe war, und zwar nicht nur für den einzelnen, sondern für dessen ganze Familie. Das Leiden der Polen in diesem Krieg war enorm, übertroffen nur noch von dem der Juden. In Polen gab es keine Quislinge, und der polnische Untergrund schickte diejenigen, die Juden an die Nazis verrieten, in den Tod.

Sila-Nowicki verwendet auch noch andere, eher fragwürdige Argumente. Er behauptet, daß der Numerus Clausus für Juden an den Universitäten, den es vor dem Krieg gegeben hat, gerechtfertigt war. „Für mich", sagt er, „ist es natürlich, daß sich die Gesellschaft vor einer numerischen Dominierung ihrer Intelligenz schützt", und legt damit nahe, daß die Juden nicht Teil dieser Gesellschaft waren und es auch nicht sein sollten. Er behauptet auch, daß es in erster Linie die Passivität der Juden war, die zu ihrer Vernichtung geführt hatte. Die Gewohnheit, sich anzupassen, die sie von den eher aufrührerischen, widerspenstigeren katholischen Polen unterschied, führte dazu, daß sie, ohne Widerstand zu leisten, in ihren Tod gingen. Das ist natürlich ein Standpunkt, der von vielen polnischen Schriftstellern – ich möchte hier Ewa Prekerowa besonders erwähnen – als stereotyp und historisch unbegründet zurückgewiesen wird.[4] Endlich kommt Sila-Nowicki zu folgendem Schluß: „Es ist sogar möglich, wissenschaftlich nachzuweisen, daß in ihren Adern nur ein Prozent des Blutes jener fließt, die ‚Hosianna dem Sohn Davids' gerufen haben und danach ‚Kreuzigt ihn', aber ihre Nation besteht weiter." Ich bin mir nicht sicher, was er damit meint, aber der Ton gefällt mir nicht.

Die Diskussion über die Judenfrage in Polen bewegt sich im wesentlichen zwischen diesen beiden Standpunkten von Sila-Nowicki und Blonski. Die, die heute offen sagen, daß alle Juden in eine bösartige Verschwörung verwickelt seien, sind eine unbedeutende Minderheit. Diejenigen, mit denen man sich auseinanderzusetzen hat, sind von der Art von Sila-Nowicki. Sein Standpunkt wird von vielen geteilt, er ist auch in der Predigt von Kardinal Glemp über das Karmeliterkloster klar erkennbar, während Blonskis Standpunkt zum Beispiel von Bischof Musynski vertreten wird, ein deutliches Beispiel dafür, wie sich die selben Gedankenmuster wiederholen.

Der reale Antisemitismus in Polen kann nicht ignoriert werden, folglich möchte ich wegkommen von jenen, die – wie Sila-Nowicki – die Toten tatsächlich nicht hassen (allerdings könnte man argwöhnen, daß die einzigen Juden, mit denen sie wirklich glücklich sind, tote Juden sind, und sie beteuern oft, wieviel sie für diese toten Juden übrighaben) und hinkommen zu dem Antisemitismus, wie er heutzutage in Polen in Erscheinung tritt. Es trifft sicherlich zu, daß mit dem Ende der kommunistischen Herrschaft antisemitische Regungen stark zugenommen haben. Ich möchte betonen, daß das, was nun eingetreten ist, der Ausdruck von Regungen ist, die vermutlich schon immer dagewesen waren. Es hat sicherlich keinen ernsthaften Versuch gegeben, die Polen bezüglich der Judenfrage nach dem Zweiten Weltkrieg umzuerziehen und sie über die Übel des Antisemitismus aufzuklären. Insofern es so etwas gegeben hat, wurde es von den Kommunisten geleitet, denen als fremde Macht, die sich der polnischen Gesellschaft aufgedrängt hatte, Widerstand entgegengesetzt wurde. Ein Ergebnis davon war, daß die Äußerung von antisemitischen Standpunkten nicht im selben Ausmaß auf Ablehnung stieß, wie dies in Westeuropa der Fall war. Es ist schwer zu sagen, wie weit verbreitet diese Ansichten sind, aber wenn man heute durch Polen reist, sieht man antisemitische Graffiti an den Wänden, die Protokolle der Weisen von Zion werden an verschiedenen Plätzen verkauft und man begegnet antisemitischen Äußerungen.

Das ist in erster Linie die Folge des Endes der Zensur und der Tatsache, daß diese Ansichten nun straflos geäußert werden können. Zum Teil ist es auch eine Folge der Erschütterungen, die der schwierige Übergang zu einer Marktwirtschaft und zu einem pluralistischen politischen System mit sich brachte. Die Versuchung, für die gegenwärtigen Härten eine verborgene Verschwörung der Juden oder der Freimaurer verantwortlich zu machen, hat in Polen eine lange Tradition, und unter den jetzigen Bedingungen trifft so etwas auf offene Ohren. In diesem Zusammenhang ist es bemerkenswert, daß es beim letzten Präsidentschaftswahlkampf auf der einen Seite einen populistischen Kandidaten – Stefan Tyminski – gegeben hat, der keine antisemitischen Ansichten vertreten und etwa 25 Prozent der Stimmen im ersten Wahlkampf bekommen hat. Auf der anderen Seite war Präsident Walesa, der kein Antisemit ist, der aber das jüdische Argument gegen seine Gegner verwendet hat. Diese beiden Phänomene traten getrennt auf. Es ist leicht zu sehen, wie man diese vereinen könnte, und das würde eine sehr brisante Mischung in diesem polnischen Milieu ergeben. Sicherlich sind sich viele der Gefahr bewußt, die es bedeutete, diese beiden Geister aus ihren getrennten Flaschen zu lassen und ihnen zu erlauben, gemeinsame Sache zu machen.

Es gibt eine große Anzahl von Polen, die wirklich verzweifelt sind – alte Pensionisten, die kaum noch über die Runden kommen, Bauern auf kleinen, unrentablen Gehöften, Arbeitslose, von denen es über eine Million gibt und deren Zahl im nächsten Jahr voraussichtlich noch beträchtlich steigen wird. Alle diese Menschen sind mit dem Zusammenbruch einer Welt konfrontiert, die zwar nicht besonders gut funktioniert hat, in der aber für die Leute gesorgt wurde.

Es gibt keinen Grund, das kommunistische System, das sicherlich ein sehr schlechtes System war, zu idealisieren, aber man kann ganz gut sehen, wie der rapide Übergang zum Markt – wie zum Beispiel in Ostdeutschland – zwangsläufig schwere Nöte mit sich bringt, mit denen man sich auseinandersetzen muß. Man kann nicht nur sagen, daß das etwas sei, das man eben hinnehmen müsse. Die Intellektuellen in Polen, wie die Leute um den ersten nichtkommunistischen Ministerpräsidenten Tadeusz Mazowiecki, haben diese Schwierigkeiten leichtfertig unterschätzt. Die politische Isolation der Intelligenz von den Arbeitern war sicherlich einer der Gründe für den Zerfall der „Solidarität" und wirkte sich politisch sehr negativ aus. Ein anderer Grund für die Zunahme des Antisemitismus ist natürlich der Glaube, daß der Kommunismus in Polen ein jüdisches Phänomen gewesen sei und daß die Juden irgendwie dafür verantwortlich seien.

In gleicher Weise hat der langwierige Konflikt um das Karmeliterkloster im Konzentrationslager Auschwitz den Antisemitismus angeheizt. Der politische Konflikt innerhalb des Lagers der „Solidarität", der Krach zwischen Walesa und Mazowiecki, wurde mit Verbitterung und mit vielen Merkmalen einer Familienfehde ausgetragen. Keine Seite wußte so recht, warum sie eigentlich im Streit miteinander lagen, und das machte den Konflikt verbitterter als es sonst vielleicht der Fall gewesen wäre.

Während seines Präsidentschaftswahlkampfs hat es Präsident Walesa sicherlich verabsäumt, sich klar von denjenigen seiner Unterstützer zu distanzieren, die die Regierung Mazowiecki als zu sehr unter jüdischem Einfluß stehend angegriffen hatten. Er hat sich auch als „reinrassigen Polen" bezeichnet und dies mit Dokumenten, die bis zu seinen Ururgroßeltern zurückreichten, belegt („Gazeta Wybarcza" 19. Oktober 1990). Vor Beginn des Wahlkampfs war er dafür eingetreten, daß Personen jüdischer Herkunft diese nicht verheimlichen sollten. Er rechtfertigte dies dann während des Wahlkampfs folgendermaßen: „Chauvinistische und antisemitische Ansichten und Äußerungen treten in Erscheinung, weil es der gegenwärtigen politischen Lage an Klarheit mangelt. Es herrscht Verwirrung darüber, welche Interessen die Regierung vertritt. Die Personalgruppierungen und die Frage der Verantwortung sind unklar, die Funktionsmechanismen des Staatsapparats müssen transparent gemacht werden, Cliquen müssen zerschlagen werden, Inkompetenz und Mafia-Methoden dürfen nicht das Sagen haben, dann wird das Mißtrauen gegen Juden in der Regierung verschwinden." (Tygodnik Solinosci 28. Oktober 1990). Nun mögen sie mit dieser Erklärung zufrieden sein und es ist auch manches daran, aber es ist doch nicht so ganz überzeugend.

Klar ist, daß die Auseinandersetzung über die Rolle der Juden in Polen wesentlich für die Zukunft des Landes ist. Das Verhalten gegenüber den Juden ist ein Prüfstein für grundsätzlichere Ansichten. Die Frage, um die es hier geht, ist die, ob das zukünftige Polen nach innen gerichtet, ein Opfer von politischen und chauvinistischen Verschwörungstheorien, oder pluralistisch, am Westen orientiert und tolerant sein wird. Ich will auf diesen besonderen Umstand am Ende diese Artikels noch näher eingehen, aber da ich mich bis jetzt so sehr mit den mythischen Juden, mit der Idee der Polen, was der Jude jetzt und in der Vergangenheit gewesen sei, beschäftigt habe, könnte es nützlich sein, einmal zu fragen, was öffentliche Meinungsumfragen über das gegenwärtige Verhältnis der Polen zu den Juden aussagen. Es hat eine gewisse Anzahl davon gegeben, aber bis vor kurzem noch sehr wenige, da dies bis zum Ende der kommunistischen Herrschaft ein Tabu-Thema war.

Die Polen haben eine sehr große Erfahrung bezüglich Meinungsumfragen. Meinungsumfragen waren ein von der Kriegsrechtsregierung vielbenutztes Werkzeug, und das Umfrageinstitut CBOS bestand aus einer sehr intellektuellen Gruppe von Leuten mit gediegener soziologischer Ausbildung. Sie stellten jedes Jahr folgende Frage: „Wie ist Ihre Einstellung gegenüber den Juden, sind Sie ihnen feindlich oder freundlich gesinnt oder sind sie Ihnen gleichgültig?" Diese einzelne Frage, die in den letzten zehn Jahren wiederholt gestellt worden war, zeigt einen signifikanten Anstieg der Zahl derer, die den Juden gleichgültig gegenüberstehen und eine Verringerung der Zahl jener, die ihnen feindlich gesinnt sind. Ursprünglich sagten etwa 40 Prozent, daß sie ihnen freundlich gesinnt seien, 20 Prozent meinten, daß sie ihnen gleichgültig gegenüber seien und 40 Prozent waren ihnen feindlich gesinnt. Die 40 Prozent mit einer feindlichen Einstellung sanken auf 20 Prozent ab und der Prozentsatz derer, die sagten, sie seien ihnen gleichgültig, stieg auf 40 Prozent. Aber diese Frage war nur eine von vielen anderen, und ich glaube nicht, daß sie besonders aussagekräftig ist.

Aufschlußreicher ist da eine Umfrage, die im Auftrag des Amerikanisch-Jüdischen Komitees (AJC), einer der drei großen amerikanisch-jüdischen Organisationen, durchgeführt wurde.[5] Das AJC war vor einiger Zeit am polnisch-jüdischen Dialog beteiligt und hat eine polnisch-amerikanisch-jüdische Spezialgruppe gebildet. Im Oktober letzten Jahres gab es eine öffentliche Meinungsumfrage über das Verhältnis der Polen zu den Juden in Auftrag, die es anläßlich des Besuchs von Präsident Walesa in den USA zur Verfügung haben wollte. Die Umfrage wurde auch in Ungarn und in der Tschechoslowakei durchgeführt, aber ich will auf die Ergebnisse in Ungarn und in der Tschechoslowakei nicht näher eingehen, sondern diese nur bei einigen wenigen Gelegenheiten zu Vergleichszwecken heranziehen.

Die Umfrage beginnt mit einer Frage, die Auskunft über den Wissensstand bezüglich der Größe ihrer jüdischen Gemeinde gibt: „Wie hoch ist Ihrer Meinung nach der Prozentsatz der Juden in Ihrem Land?" In Polen beantworteten 20 Prozent diese Frage richtig (weniger als ein Prozent der Gesamtbevölkerung), 27 Prozent der Polen bezifferten den Anteil mit 2-9 Prozent, neun Prozent schätzten 10-19 Prozent, vier Prozent sogar 20-29 Prozent und 39 Prozent sagten, daß sie es nicht wüßten. Diese

Antworten sind interessant, weil unter den 39 Prozent, die angaben, daß sie den Anteil der Juden an der Gesamtbevölkerung nicht kennen, nur 20 Prozent eine recht gute Vorstellung hatten, daß es nicht allzuviele Juden seien, während etwa 40 Prozent glaubten, daß es mehr als zwei Prozent seien und 13 Prozent glaubten, daß die Juden mehr als 10 Prozent der Bevölkerung ausmachten – und das in einem Land, in dem es gewiß nicht mehr als 20.000 Juden gibt.

Kommen wir nun zu wesentlichen Fragen. „Stellen die folgenden Gruppen eine Gefahr dar für die politische Entwicklung, die unser Land seit dem Wechsel des Regierungssystems genommen hat?" Dies bezieht sich selbstverständlich auf das Ende des Kommunismus. In Polen beantworteten diese Frage in Bezug auf die Juden 16 Prozent mit ja, 65 Prozent sagten nein und 18 Prozent konnten keine Antwort geben.

„Wie denken Sie über Juden in Ihrer Nachbarschaft, würden Sie gerne einige jüdische Nachbarn haben, wäre es Ihnen gleichgültig oder wäre es Ihnen lieber, keine jüdischen Nachbarn zu haben?" In Polen würden drei Prozent gerne jüdische Nachbarn haben, 51 Prozent würde es nicht stören und 40 Prozent würden lieber keine jüdischen Nachbarn haben.

„Glauben Sie, daß folgende Gruppen einen zu großen, einen zu geringen oder einen gerade angemessenen Einfluß in unserer Gesellschaft haben?" In Polen bestimmten 26 Prozent den Einfluß der Juden als zu groß, fünf Prozent als zu gering und 27 Prozent als gerade angemessenen; 42 Prozent konnten keine Angaben machen.

„Verhält sich eine der folgenden Gruppen so, daß sie ein feindseliges Verhalten in unserem Land herausfordert?" In Polen bejaten 19 Prozent diese Frage in Bezug auf die Juden, 65 Prozent verneinten, während 16 Prozent unschlüssig waren.

„Halten Sie den Antisemitismus in unserem Land für ein sehr ernstes Problem, für ein gewisses Problem oder für überhaupt kein Problem?" In Polen hielten zehn Prozent den Antisemitismus für ein ernstes Problem, 29 Prozent sprachen von einem gewissen

Problem und 24 Prozent wollen kein Problem wahrhaben; 20 Prozent sagten, es gäbe keinen Antisemitismus in Polen.

Tatsächlich war diese Antwort gar nicht vorgesehen. Es wurde den Leuten bei der Umfrage gesagt, daß sie, wenn sie irgendeine der Fragen ablehnten, stattdessen selbst eine Frage vorschlagen und diese beantworten könnten. 17 Prozent sagten, sie wüßten es nicht.

In Ungarn hielten sieben Prozent den Antisemitismus für ein sehr ernstes Problem, 44 Prozent sagten, er sei ein gewisses Problem. Dies bedeutet nicht, daß es in Ungarn mehr Antisemitismus gibt, sondern lediglich, daß das Problem klarer als solches erkannt wurde. 26 Prozent der befragten Ungarn sahen im Antisemitismus kein Problem und acht Prozent vertraten die Ansicht, daß es in Ungarn keinen Antisemitismus gäbe. 16 Prozent sagten, sie wüßten es nicht.

In der Tschechoslowakei hielten drei Prozent den Antisemitismus für ein sehr ernstes Problem, 27 Prozent für ein gewisses Problem und 49 Prozent für überhaupt kein Problem. 20 Prozent gaben an, daß es in der Tschechoslowakei keinen Antisemitismus gäbe.

„Glauben Sie, daß der Antisemitismus in unserem Land in den nächsten Jahren stark zunehmen, etwas zunehmen, gleichbleiben, etwas abnehmen oder stark abnehmen wird?" In Polen sagten vier Prozent, er werde stark zunehmen, 13 Prozent sagten, er werde etwas zunehmen, 35 Prozent sagten, er werde gleichbleiben, 11 Prozent sagten, er werde etwas abnehmen und fünf Prozent meinten, er werde stark abnehmen; 32 Prozent waren unschlüssig

In Ungarn schätzten vier Prozent die Tendenz stark zunehmend, 21 Prozent etwas zunehmend, 38 Prozent gleichbleibend, 12 Prozent abnehmend und drei Prozent stark abnehmend.

In der Tschechoslowakei glaubten 42 Prozent, der Antisemitismus werde im wesentlichen gleichbleiben.

Weiters wurde gefragt, ob es den Juden erlaubt sein sollte, ihre Religion frei auszuüben. 52 Prozent der Polen beantworteten diese Frage mit ja, was den hohen Stellenwert wiederspiegelt, den die Polen der Religionsausübung beimessen, 28 Prozent stimmten eher zu, sechs Prozent lehnten dies eher ab und sechs Prozent lehnten dies stark ab; das heißt, daß 12 Prozent dagegen waren, daß Juden ihre Religion ausüben dürfen! Diese Antwort zeigt, so wie einige andere, daß es einen harten Kern von tiefverwurzeltem Antisemitismus gibt, zu dem etwa 12 bis 20 Prozent der an dieser Umfrage beteiligten gehören. Man sollte diese Umfrage natürlich auf keinen Fall überschätzen, aber wenn man sich so abstrakt mit den polnischen Einstellungen gegenüber den Juden beschäftigt, dann ist es ganz nützlich, eine Umfrage zu kennen, die all diese Fragen ganz konkret gestellt hat.

Eine weitere Frage war: „Haben Juden einen zu großen Einfluß auf die Kultur unseres Landes?" Sieben Prozent in Polen stimmten dem sehr zu, 13 Prozent stimmten dem eher zu (das ist eine Zustimmung von 20 Prozent), aber 40 Prozent stimmten damit eher nicht überein und 16 Prozent waren gänzlich anderer Meinung; 23 Prozent hatten keine Meinung. Das mag nahelegen, daß den Polen die jüdische Kultur gefällt.

Die Frage „Haben Juden einen zu großen Einfluß im Wirtschaftsleben unseres Landes?" stieß bei zehn Prozent der Befragten auf starke Zustimmung, 17 Prozent stimmten eher zu. Überraschenderweise waren 34 Prozent etwas anderer Meinung und 15 Prozent waren gänzlich anderer Meinung; 24 Prozent waren unschlüssig. Dies wirft wieder einige quälende Fragen auf. Es mag keine besondere Bedeutung haben, aber kann es bedeuten, daß die Polen es gerne sähen, wenn die Juden kämen, um die Wirtschaft wieder in Gang zu bringen?

Die Frage „Haben Juden einen zu großen Einfluß auf die Politik unseres Landes?" stieß bei 12 Prozent auf starke Zustimmung, 20 Prozent stimmten eher zu, 30 Prozent waren etwas anderer Meinung und 15 Prozent waren gänzlich anderer Meinung. Diese Zahlen scheinen ganz beruhigend zu sein.

Eine weitere Frage war: „Einige sagen, daß es 45 Jahre nach Ende des Weltkriegs an der Zeit wäre, die Erinnerung an den Holocaust, an Hitlers Vernichtung der Juden hinter uns zu lassen, andere sagen, daß wir auch nach so langer Zeit die Erinnerung an den Holocaust fest in unserem Gedächtnis bewahren sollten. Mit welcher Meinung stimmen Sie eher überein?" Die Antwort auf diese Frage hat mich – gerade in diesem Land – besonders interessiert. Ich dachte, 95 Prozent würden sagen, wir sollten die Erinnerung hinter uns lassen und fünf Prozent, wir sollten uns erinnern. Aber natürlich sagten in Polen – wo diese Frage ein aktuelles Problem berührt – 13 Prozent, wir sollten die Erinnerung hinter uns lassen, 81 Prozent sagten, wir sollten die Erinnerung an den Holocaust wachhalten, auch wenn seither eine so lange Zeit vergangen ist.

Eine weitere Frage war: „Mit welcher Meinung stimmen Sie eher überein? Juden sind ein wesentlicher Bestandteil der Nation unseres Landes (das Wort Nation mag hier nicht angebracht sein, aber es wurde bei der Umfrage verwendet) oder Juden sind Außenseiter unserer Gesellschaft?" In Polen sagten 44 Prozent, daß die Juden ein wesentlicher Bestandteil der Nation seien, 16 Prozent hielten Juden für Außenseiter, 11 Prozent sagten weder noch (diese Antwort war nicht vorgegeben) und 8 Prozent sagten, sie seien beides (auch diese Antwort war nicht vorgegeben). An diesen beiden letzten Antworten kann man recht gut die gegensätzlichen Einstellungen gegenüber den Juden sehen, die es in Polen gibt.

Zum Schluß einige Einstellungen gegenüber Israel, da die Polen im allgemeinen als stark proisraelisch gelten. Dem ist aber tatsächlich nicht so. Die Propaganda des kommunistischen Regimes während vieler Jahre hatte klarerweise einige Wirkung auf die Durchschnittsbevölkerung. Es wurde die Frage gestellt: „Vor mehreren Jahren haben die Vereinten Nationen eine Resolution verabschiedet, in der Rassismus und Zionismus gleichgesetzt werden. Stimmen Sie dem zu?" 39 Prozent der Polen stimmten dem zu, 19 Prozent nicht und 43 Prozent waren unentschieden. In der Tschechoslowakei akzeptierten 50 Prozent die Gleichsetzung zwischen Rassismus und Zionismus. 18 Prozent waren nicht dieser Meinung und 32 Prozent hatten keine Meinung. Das ist klarerweise ein Fall, bei dem es nötig ist, auf die öffentliche Meinung einzuwirken, und Präsident Walesa war diesbezüglich sehr kooperativ, als er bei seinem Besuch in den Vereinigten Staaten bei einem Treffen mit amerikanischen jüdischen Organisationen sagte, daß er für die Aufhebung dieser Teilresolution einträte.

Die Frage „Glauben Sie, daß der Staat Israel ein Existenzrecht besitzt?" beantworteten 89 Prozent der Polen mit ja, ein Prozent bestritten ein Existenzrecht Israels und neun Prozent waren unentschieden.

Die nächsten beiden Fragen zeigen, wie sehr es auf die Art der Fragestellung ankommt. Die erste Frage lautete: „In Anbetracht der Lage im Mittleren Osten zum gegenwärtigen Zeitpunkt – empfinden Sie größere Sympathie für Israel oder für die arabischen Nationen?" In Polen hatten 20 Prozent größere Sympathie für Israel, 11 Prozent hatten größere Sympathie für die arabischen Nationen, 30 Prozent mit keiner Seite (diese Antwort war nicht vorgegeben) und 13 Prozent sagten, sie hätten für beide Seiten gleichermaßen Sympathie (auch diese Antwort wär nicht vorgegeben); 26 Prozent sagten, sie wüßten es nicht.

In der Folge wurde diese Frage dann anders formuliert: „In Anbetracht der Lage im Mittleren Osten zum gegenwärtigen Zeitpunkt – empfinden Sie größere Sympathie für Israel oder für die Palestinenser?" Bei dieser Fragestellung waren nur mehr 11 Prozent für Israel, während 18 Prozent mehr für die Palästinenser, 28 Prozent weder der für die eine noch für die andere Seite Sympathie empfand. 12 Prozent empfanden für beide gleichermaßen Sympathie; 31 Prozent wußten es nicht.

Welche Schlußfolgerungen können nun aus dieser Umfrage gezogen werden? Ich meine, daß sie zeigt, daß es in Polen so wie in vielen Ländern einen harten Kern von Antisemitismus gibt, daß dies aber, zumindest dieser Umfrage nach, die Gesellschaft als Ganzes nicht berührt. Es gibt da Regungen des guten Willens, die angesprochen werden können und sollen. Ich möchte diese Ergebnisse eher als er- denn als entmutigend ansehen. Die Diskussionen über Streitfragen, auf die ich eingegangen bin, sind Diskussionen, die im wesentlichen innerhalb einer intellektuellen Elite stattfinden. Dies aber sind Fragen, die den Mann auf der Straße betreffen.

Ich habe behauptet, daß die Auseinandersetzung zwischen den zwei Ansichten über die Rolle der Juden in Polen wesentlich für die zukünftige Entwicklung des Landes ist, ob Polen sich nach außen, nach Europa hin orientieren oder ob es sich nach innen richten und chauvinistisch abgegrenzen wird. Welche Entwicklung Polen nehmen wird, ist nicht leicht klar zu beantworten, aber es gibt Hinweise, wohin sich Polen bewegt. Es gibt eine Anzahl von Entwicklungen, die einen Anlaß zu vorsichtigem Optimismus geben. Die erste ist natürlich der Hirtenbrief der katholischen Bischöfe vom 20. Jänner 1991.[6] Dies war die erste eindeutige Verurteilung des Antisemitismus durch die kirchliche Hierarchie, und er wurde in jeder der 20.000 Pfarrgemeinden in Polen verlesen. Er begann mit der Beteuerung: „Wir Polen sind mit der jüdischen Nation durch besondere Bande verbunden, und schon seit den ersten Jahrhunderten unserer Geschichte wurde Polen für viele Juden ihr zweites Heimatland. Die Mehrzahl der Juden, die gegenwärtig in der ganzen Welt leben, haben ihre Herkunft von dem Gebiet der früheren und jetzigen Republik Polen.

Leider ist es auch genau dieses Land, das in diesem Jahrhundert für mehrere Millionen Juden zum Grab wurde, nicht durch unseren Willen noch durch unsere Hand. Vor nicht so langer Zeit, am 26. September 1990, sagte der Papst, der Heilige Vater, über unsere gemeinsame Geschichte: ‚Da ist noch eine Nation, noch ein besonderes Volk, das Volk von Patriarchen, von Moses und den Propheten, das Vermächtnis des Glaubens von Abraham. Dieses Volk lebte mit uns für Generationen, Schulter an Schulter auf dem selben Land, das so etwas wie das neue Land der Diaspora wurde. Ein schrecklicher Tod war Millionen von Söhnen und Töchtern dieser Nation auferlegt, zuerst wurden sie mit einem besonderen Stigma gebrandmarkt, dann wurden sie in Ghettos und gesonderte Bezirke gestoßen, und daraufhin wurden sie in Gaskammern geschickt und getötet, nur weil sie Kinder dieser Nation waren. Die Mörder taten dies auf unserem Boden, vielleicht um ihn zu entweihen.' (Man beachte diesen Versuch, Blonskis Bemerkung zu Milosz bezüglich der Entweihung der polnischen Erde zu widerlegen, A.P.) Aber die Erde kann durch das Blut unschuldiger Opfer nicht entweiht werden, die Erde wird durch solche Tode zu einer heiligen Reliquie."

Wie es in dem Hirtenbrief weiter heißt, retteten viele Polen während des Krieges das Leben von Juden, und es werden die polnischen Bäume in der Allee der Gerechten in Yad Vashem in Jerusalem aufgezählt. Aber weiter heißt es: „Trotz einer solch großen Anzahl von Beispielen heroischer Hilfe durch christliche Polen gab es auch Menschen, die bei dieser unbegreiflichen Tragödie gleichgültig blieben" – ein Standpunkt, der dem von Blonski nahe kommt. „Insbesondere büßen wir wegen der Katholiken, die in irgendeiner Weise dazu beigetragen haben, den Tod von Juden zu bewirken, diese werden für immer eine Pein für unser Gewissen bleiben, auch in der sozialen Dimension. Wenn es nur einen Christen gegeben hat, der einem Juden in der Gefahr hätte helfen können, ihm aber nicht seine helfende Hand hingestreckt oder mit ihm seinen Tod geteilt hatte, müssen wir unsere jüdischen Brüder und Schwestern um Vergebung bitten." Wieder ein Echo auf Blonski.

„Wir sind uns bewußt, daß viele unserer Landsleute in ihrer Erinnerung noch immer das Leid und die Ungerechtigkeit nähren, die ihnen von der kommunistischen Nachkriegsregierung zugefügt worden waren, woran Menschen jüdischer Herkunft ebenso beteiligt waren. Aber wir müssen zugeben, daß ihre Handlungen ihren Ursprung nicht in ihrer jüdischen Herkunft oder in ihrer Religion hatten, sondern in der kommunistischen Ideologie, unter der auch Juden viel Ungerechtigkeit erlitten haben. Wir bedauern auch aufrichtig alle Fälle von Antisemitismus, die sich auf polnischem Boden ereignet haben. Wir tun dies, weil wir zutiefst davon überzeugt sind, daß alle Zeichen des Antisemitismus wider den

Geist des Evangeliums sind und, wie Papst Johannes Paul II unlängst betont hat, der christlichen Vorstellung der menschlichen Würde völlig entgegengesetzt sind. Wenn wir von der beispiellosen Vernichtung von Juden sprechen, dürfen wir nicht vergessen oder stillschweigend übergehen, daß die Polen auch als Nation eines der ersten Opfer derselben kriminellen rassistischen Ideologie des Nazismus wurden. Derselbe Boden, der Jahrhunderte lang ein gemeinsames Vaterland für Polen und Juden gewesen war, das gemeinsam vergossene Blut, das Meer grausamster Pein und das von beiden Nationen erlittenen Leid sollten sie eher vereinen als trennen, insbesondere die Stätten der Torturen und in vielen Fällen gemeinsamen Gräber rufen nach dieser Einheit. Wir Christen und Juden sind vereint in dem Glauben an einen Gott, den Schöpfer und den Herrn des ganzen Universums, der den Menschen nach seinem Ebenbild geschaffen hat, wir sind vereint durch die ethischen Grundsätze verkörpert in den 10 Geboten, welche auf die Gottesliebe und die Nächstenliebe zurückgeführt werden können. Wir sind vereint durch unsere Ehrfurcht vor dem Alten Testament als dem heiligen Buch und durch unsere gemeinsamen Überlieferungen des Gebets. Und wir sind vereint durch die Hoffnung auf das endgültige Kommen des Königreichs Gottes. Wir warten gemeinsam auf den Erlöser, den Messias, obgleich wir glauben, daß er Jesus von Nazareth heißt und wir nicht auf sein erstes, sondern auf sein zweites Erscheinen in Macht und Herrlichkeit warten.

Der entscheidende Weg, um die noch immer bestehenden Schwierigkeiten zu überwinden, ist die Annahme einer Haltung des Dialogs, welcher Mißtrauen, Vorurteile und Stereotype abbauen wird, welcher zu einer besseren gegenseitigen Kenntnis und zu einem Verständnis führen wird, basierend auf der Achtung unserer verschiedenen religiösen Traditionen, was uns den Weg der Zusammenarbeit auf vielen Gebieten öffnen wird. Es ist auch wichtig, daß wir lernen, den religiösen Glauben der Juden und den der Christen so zu erfahren und zu bewerten, wie Juden und Christen ihn selbst heute erfahren."

Ich habe recht ausführlich aus dem Hirtenbrief zitiert, im wesentlichen deswegen, weil er fast unbeachtet blieb, da er zu Beginn des Golfkrieges herausgegeben wurde. Es sollte auch hervorgehoben werden, daß Präsident Walesa es aufgegeben hat, sein Verhalten während des Präsidentschaftswahlkampfs in Abrede zu stellen. Er hat wiederholt versucht, der jüdischen Welt gegenüber nochmals seine Ablehnung des Antisemitismus zu beteuern und hat eine Kommission auf hoher Ebene eingesetzt, um die polnisch-jüdischen Beziehungen zu verbessern, in der viele Leute wie Jan Blonski oder der Herausgeber von „Tygodnik Powszechny", Jerzy Turowicz, sitzen, die eine aktive Rolle in der jüngsten Diskussion über die jüdische Frage gespielt haben, was letzlich zum Hirtenbrief geführt hat.

Einer jüdischen Delegation, die auf Besuch in Polen war, versicherte Präsident Walesa kurz nach seiner Wahl: „Antisemitismus war hier ein ernstes Problem, es ist nötig, einer pluralistischen Gesellschaft aufzubauen, wir müssen dies tun, und wir werden dies tun." Anläßlich seines Besuchs in Israel im April, in seiner Rede vor dem israelischen Parlament – ein weiteres Echo auf Blonski – bat er das jüdische Volk um „Vergebung" für das Verhalten der Polen während des Zweiten Weltkriegs.

Zum Schluß möchte ich darauf eingehen, wie die Reaktion der jüdischen Seite auf den Konflikt über die jüdische Frage in Polen aussehen könnte.[7] Dies ist schwierig zu beantworten, da es niemand gern hat, als Symbol verwendet zu werden, sei es nun als positives oder als negatives, aber ich glaube, die Antwort kann auf drei Ebenen gegeben werden.

Zuerst auf der Ebene unserer eigenen Vergangenheit, und hier möchte ich mit dem letzten Oberrabbiner Jakobowitz übereinstimmen, wenn er sagt, daß das Augenmerk vielleicht zu sehr auf den Vorgang des Massenmords gelegt wurde und nicht hinreichend auf das, was zerstört wurde. Eine einzigartige jüdische Kultur, von der die meisten von uns ihre Herkunft ableiten, wurde vernichtet. Wenn wir ein Verständnis von uns selbst, wer wir sind, erlangen wollen, müssen wir eine bessere Vorstellung von der Art dieser Kultur haben, und da es praktisch keine Juden in Polen gibt, müssen wir bei der Erforschung der polnisch-jüdischen Vergangenheit mit jenen Polen zusammenarbeiten, die auch den Wunsch haben, die Erinnerung an diese Vergangenheit zu bewahren.

Zweitens können wir einer Konfrontation mit dem Holocaust nicht ausweichen. Der Holocaust ist das zentrale Ereignis in der jüdischen Geschichte des 20. Jahrhunderts. Warum es dazu kam, wie wir Gegenstand unseligen Hasses, der schließlich zum Massenmord geführt hat, sein konnten, ist eine zentrale Frage, und diese Frage können wir nicht allein beantworten. Wir müssen sie gemeinsam mit den anderen Völkern Europas, die auf verschiedene Art darin verwickelt waren, und die Polen waren sehr direkt darin verwickelt, beantworten. Sie waren größtenteils nicht daran beteiligt, aber sie waren dort, es passierte, wo sie waren. Ihre Zeugenschaft ist wichtig, und es kommt darauf an, daß wir hören, was sie zu sagen haben und daß sie hören, was wir zu sagen haben. Dieser Dialog machte große Fortschritte, nachdem einige Polen eine Verantwortung für das, was geschehen war, zugegeben hatten. Es wurde für Juden viel leichter, zu antworten. Alexander Erlich, zum Beispiel, beobachtete:

„Heute im 20. Jahrhundert haben die polnisch-jüdischen Beziehungen den Charakter eines Circulus vitiosus angenommen. In vielen Juden entstand ein Gefühl des Mißtrauens in ihrer Beziehung zu den Polen als ein Ergebnis des offiziellen oder des volkstümlichen Antisemitismus, und dies hat dazu beigetragen, daß sich ein Verhalten entwickelt hat, welches unter den Bedingungen einer nationalen Katastrophe als antipolnisch ausgelegt werden kann. Dies gießt umgekehrt wieder Öl in die Flammen und schürt ein tief verwurzeltes und ‚virulentes' Vorurteil.

Die historische Bedeutung der Diskussion, die durch Jan Blonskis Artikel in Gang gebracht wurde... beruht genau darauf, daß Bemerkungen, wie sie in diesem Artikel von Jan Blonski gemacht wurden... uns helfen, einen Weg aus diesem Circulus vitiosus zu finden. Sie helfen uns, die Bedingungen für einen polnisch-jüdischen Dialog zu schaffen, frei von Vorurteilen und Mißverständnissen, von unverantwortlichen Generalisationen und selbstverteidigenden Verleugnungen, für einen Dialog, geprägt von gegenseitiger Achtung und – was mehr ist – von einer Respektierung von Fakten, die zeitweise schmerzlich sind." Wir haben diesen Dialog spät begonnen, und wir haben noch einen langen Weg vor uns. Vielleicht wird es uns gelingen, durch vereinte Bemühungen unsere gemeinsame Pflicht zu erfüllen und – um noch einmal Jan Blonski zu zitieren –„unserer Vergangenheit in Wahrheit zu begegnen."[7]

Der dritte Grund ist, daß die Juden ein großes Interesse an einem demokratischen System haben, unter dem die Juden am besten gelebt haben. Es ist ein System, in dem die Rechte von Minderheiten am besten geschützt wurden, in dem die freie Religionsausübung und die Pflege der eigenen nationalen Traditionen am besten gewährleistet waren. Die Revolution von 1989 war ein Versuch, das pluralistische demokratische System und die Marktwirtschaft auch auf Zentral- und Osteuropa auszuweiten. Der Fehlschlag des sowjetischen Putschversuchs von August 1991 hat viele Hindernisse für denselben Prozeß in der früheren Sowjetunion beseitigt. Diese Revolution umfaßt einen noch niemals zuvor versuchten Übergang von einer hierarchisch organisierten Gesellschaft mit einer zentralen Planwirtschaft und einem totalitären politischen System. Wir haben schon Übergänge von faschistischen oder autoritären rechten poltischen Regimen gesehen, aber noch keinen dieser Art. Es ist entscheidend für die Stabilität in Europa, daß dieser Übergang erfolgreich vor sich geht und daß Polen eine nach außen offene und pluralistische und tolerante Gesellschaft gestaltet, die ihren angemessenen Platz im neuen Europa finden wird. Sehr viele Juden haben stärkere oder schwächere Bindungen an Polen, und wenn wir diesen Prozeß fördern können, haben wir einiges Gutes getan.

Anmerkungen

1 Tygodnik Powszechny, 5. April 1987. Übersetzt aus dem Englischen nach Polonsky, A. (Hrsg.), My Brother's Keeper?, Recent Polish Debates on the Holocaust, London 1989, S. 108.
2 Dieser Artikel ist ins Englische übersetzt in Polonsky, My Brother's Keeper?, S. 34-52.
3 Dieser Artikel ist ins Englische übersetzt in Polonsky, My Brother's Keeper?, S. 59-68.
4 Dieser Artikel ist ins Englische übersetzt in Polonsky, My Brother's Keeper?, S. 72-80.
5 Vertrauliche Umfrage im Auftrag des Amerikanisch-Jüdischen Komitees.
6 Gazeta Wyborcza, 26. Januar 1991.
7 Rede bei der Diskussion über „Ethical problems of the Holocaust in Poland", gehalten bei der Internationalen Konferenz über die Geschichte und Kultur der polnischen Juden in Jerusalem am 1. Februar 1988. Aus dem Englischen nach Polonsky, My Brother's Keeper?, S. 201.

GOTTHARD KINDL

Antisemitismus und Krise

Versäumnisse und Chancen polnischer Politik

„Nichts bewirkt stärker Ausschluß und Mord als der entsetzliche bestimmte Artikel", schreibt Alfred Grosser in seinem Buch „Ermordung der Menschheit".[1] „Die" Polen werden des öfteren kollektiv zu Objekten dieses bestimmten Artikels verurteilt, wenn es darum ist, ablehnende Einstellungen, stereotype Vorstellungen oder affektiv-emotionale Ausdrucksformen zuzuordnen.

Ich verweigere mich einer scientistischen Diskussion der Art, welche Ethnie in Europa denn am stärksten mit Vorurteilen belastet sei. Mich interessieren aber die Instrumentierungen von Vorurteilen in vielfältigster Weise zu vordergründig politischen Zwecken – mich interessiert vor allem die Reaktion einer Öffentlichkeit demokratischer Gesellschaften auf Manifestationen von Vorurteilen; für mich ein wesentlicher Indikator für die demokratische Gesinnung und Lernfähigkeit einer Gesellschaft. Weiters ziehen Ideologien kultureller Vermittlung als Ursachen von Vorurteilen mein Interesse auf sich.

Mit kritischem Interesse sind die empirischen Antisemitismusuntersuchungen im Europa nach 1945 zu betrachten. Einmal, weil solche Untersuchungen zu pseudopädagogischen Zwecken mißbraucht wurden, und weil die Frage im Raum steht, ob es möglich ist, mit dem Instrumentarium der empirischen Sozialforschung psychisch latente Vorurteile zu ermitteln. Die pädagogischen Zwecke, die Ziel einer Antisemitismusuntersuchung sein können, mögen durchaus gut gemeint sein, sind aber meistens nichts anderes als der Versuch, gesellschaftliche Verhältnisse einer politischen Kosmetik zu unterziehen. Ich verweise hier als Beispiel auf die 1987 von der Sozialwissenschaftlichen Studiengesellschaft durchgeführte Antisemitismusuntersuchung und die Kritiken dazu.[2] Mir ist bewußt, daß es nicht einfach ist, empirisch zu formulieren, was denn ein Antisemit sei. Es kann aber keine Lösung sein, bloß militante Antisemiten als solche zu bezeichnen, um jeglichen Schwierigkeiten einer Abgrenzung aus dem Weg gehen zu können. Tatsächlich gibt es ganz feine Abstufungen innerhalb der Stereotypen und des Vorurteils gegenüber Juden. Ich kann mich aber des Eindrucks nicht erwehren, daß Jubelzahlen (in der oben angeführten Studie 7% Antisemiten in Österreich!!) vom beinahe „ausgerotteten" Antisemitismus einer empirischen Ideologiehaftigkeit entspringen. Dem Trugschluß, was es empirisch nicht gibt ist nicht Wirklichkeit, sind meiner Meinung nach schon zu viele aufgesessen. Trotzdem sind empirische Untersuchungen im wesentlichen die einzigen halbwegs zuverlässigen Einschätzungsmöglichkeiten der Verbreitung von Vorurteilen. Wenn wir nun über polnischen Antisemitismus sprechen, stehen wir vor der Schwierigkeit, keine empirischen Untersuchungen zu diesem Thema in Polen zur Hand zu haben. Es ist aber eine größere Studie der Universität Warschau und der Stefan Batory Foundation zum Thema „Antisemitismus in Polen" im Gange. Diese interdisziplinäre Forschungsarbeit soll erstmals helfen, ein realistischeres Bild von der Verbreitung des Antisemitismus in Polen herzustellen.

Dabei interessieren Fragen wie: Wer sind die Juden für die Polen? Welche Unterscheidungen können getroffen werden zwischen bestimmten Haltungen gegenüber Juden und Antisemitismus? und: gibt es einen spezifisch polnischen Antisemitismus? Die teilweise Beantwortung dieser Fragen könnte vielleicht bewirken, daß der Slogan: „Die Polen sind die Antisemiten Europas" nicht länger überleben kann. Dieser Eindruck wird derzeit noch durch mehrere Faktoren aufrechterhalten:

a) in Polen liegt keine kommunikative Latenz über dem Antisemitismus, ganz im Gegenteil, die Öffentlichkeitsbereitschaft des Antisemitismus in Polen ist nur geringfügig eingegrenzt.

b) Polen unterliegt in bezug auf Antisemitismus einer ähnlichen internationalen Beobachtung wie Österreich, nicht zu unrecht, wenn man sich Österreichs Rolle während der Nazizeit und Polens Nachkriegsgeschichte vor Augen führt.

c) Im Gegensatz zu Westeuropa befindet sich Polen in einer ökonomischen Lage, die zunehmend nach Sündenböcken verlangt. In Zeiten der Krise ist man in bezug auf Vorurteile weniger zurückhaltend.

d) Die Reaktion der Öffentlichkeit und im speziellen der Intellektuellen auf antisemitische Erscheinungen ist oft von Zurückhaltung und manchmal von eklatanter Zweideutigkeit geprägt.

Sozialhistorische Einordnung des gegenwärtigen Antisemitismus in Polen

Eines der großen Unterscheidungsmerkmale zwischen dem polnischen und dem westeuropäischen Antisemitismus ist die Gegenüberstellung der Formen des modernen Antisemitismus in Polen und eines Nach-Auschwitz Antisemitismus in den Ländern Westeuropas. Der moderne Antisemitismus polnischen Zuschnitts ist heute nach der politischen Wende mehr denn je geprägt von Öffentlichkeitsbereitschaft und politischem Kalkül. Dabei ist nicht zu vergessen, und diese Umleitung ist im negativsten Sinn deren politisches Ziel gewesen, daß auch die sich selbst so bezeichnenden „Antizionisten" im Nachkriegspolen Antisemiten übelster Sorte gewesen sind.

Die Prämissen für eine geradezu klassische Neuauflage des modernen Antisemitismus sind im heutigen osteuropäischen Raum des Umbruchs und der politischen und ökonomischen Umorientierung in jedem Fall gegeben. Krisen, hervorgerufen durch soziale Mobilität, durch wirtschaftliche Schwierigkeiten, durch politische Machtkämpfe und kirchlich-religiöse Existenzängste sind im nachkommunistischen Polen an der Tagesordnung. Der vielfach zu beobachtende Anschlußcharakter politischer, ökonomischer und kultureller Tradierungen aus der Zwischenkriegszeit und aus dem 19. Jahrhundert geht auch im Antisemitismus nicht verloren. Sei es durch die Gründung ähnlicher oder gar derselben politischen Gruppierungen oder durch politische Strategien der Krisenbewältigung (z.B. Sündenböcke für die ökonomische Lage). Das Ausmaß an wirtschaftlicher Krisenhaftigkeit, das Polen mittlerweile zu ertragen hat, kommt einer ökonomischen Marginalisierung gleich. Hinzuweisen ist an dieser Stelle auf die nach wie vor präkere Schuldensituation, auf die beträchtliche Arbeitslosigkeit (nach neuesten Zahlen 2 Millionen oder 10 Prozent) und auf die strukturellen Probleme der polnischen Wirtschaft, die erst noch unter kapitalistischen Prämissen verändert werden soll, was vor allem weitere soziale Kosten nach sich ziehen wird. Selbst die bescheidenen Erfolge auf monetärem Sektor im Jahr 1990 scheinen alles andere als gesichert. Da die wirklichen Ursachen einer solchen wirtschaftlichen Marginalisierung für die meisten Menschen durchaus nicht durchschaubar sind, wird eine Projektion dieser erlittenen Frustration umso wichtiger. Da ist es dann nicht mehr möglich, die strukturelle Konzeption der kapitalistischen Weltwirtschaft dafür verantwortlich zu machen, sondern es werden vermeintliche Akteure in der Weltwirtschaft gesucht, die das Schicksal Polens in ihren fiktiven Händen halten. Für nicht wenige Polen sind diese Akteure eindeutig benennbar.

Die Designierung des Juden als Kapitalisten ist schon eine der Voraussetzungen für eine solche Übertragung auf ein Projektionssubjekt. Der Antisemitismus bekommt damit einen immer stärkeren antikapitalistischen Modus. Belegbar ist diese Tatsache einerseits durch die Identifizierung von solchen Politikern als Juden, die restriktive wirtschaftliche Maßnahmen symbolisieren oder selbst für solche verantwortlich sind (z.B. Mazowiecki), andererseits durch beträchtliche Stimmengewinne von Vertretern der ehemals verhaßten Kommunisten (jetzt Sozialdemokraten) bei den Präsidentenwahlen und auch bei den Kommunalwahlen im Sommer 1990. Es ist nicht gerade eine Ironie der Geschichte, wenn die ehemaligen Kommunisten bei den Parlamentswahlen am 27. Oktober 1991 zweitstärkste Partei werden. Immerhin glauben 23 Prozent der Polen in einer aktuellen Meinungsumfrage, daß der Kommunismus durch eine neue Diktatur der Solidarnosc ersetzt worden sei. [3]

Wie in den meisten anderen europäischen Ländern ist der polnische Antisemitismus ein solcher ohne Juden. Schätzungen sprechen von einer jüdischen Minderheit in Polen, die 5 - 10.000 nicht übersteigt. Aus keinem Land Europas, außer der ehemaligen Sowjetunion, hat es nach dem Holocaust einen derartigen Exodus an Juden gegeben wie aus Polen. Neben dem menschlichen Leid, das zugefügt wurde, war das der Beitrag einer regierenden Machtelite zum unverwechselbaren antisemitischen Bild Polens in der westlichen Öffentlichkeit.

In einer ähnlichen Weise wie die Nachfolgeländer Nazideutschlands ist auch Polen geprägt von einem starken kollektiven Entlastungbedürfnis aus der Zeit des Holocaust. Ich will aber vorwegnehmen, daß das Verhalten von Teilen der polnischen Bevölkerung in bezug auf die jüdischen Opfer niemals verwechselt werden darf mit jenem der Täter, die den Holocaust verschuldet haben. Aus einer durch den Antisemitismus getrübten Sicht auf die Opfer haben polnische Bürger auf ihre Weise beigetragen zum Triumph der Täter. Die Leugnung dieser Umstände prägten ein Bild von Polen im Westen mit, dessen Konsequenz sich in überspannten Schuldzuweisungen äußert.

Dazu paßt unter anderem ins Bild, daß beim Besuch Walesas in Israel ein israelischer Journalist bei einer Pressekonferenz Walesa gegenüber äußerte, es sei seiner Meinung nach gerechtfertigt, daß Polen zur Zahlung von Entschädigungen an die Nachkommen der Opfer des Holocaust verpflichtet werde.[4] Aus ungerechtfertigten Anschuldigungen und Forderungen resultiert ein deutliches Entlastungsbedürfnis, das wiederum im kommunistischen Nachkriegspolen seinen Ausdruck in der Umleitung auf einen „Antizionismus" gefunden hat, der geformt wurde im Bewußtsein einer politisch bedingten Latenz in einem autoritären System.

Instrumentierungen des Antisemitismus im Nachkriegspolen

Eine der wesentlichsten Voraussetzungen für die Instrumentierungen des Antisemitismus im Nachkriegspolen war die Einsetzung eines politischen Systems, das ständig zwischen einzelnen Formen einer Legitimitätskrise und leichten Identitätskrisen hin und her pendelte. Immer dann, wenn sich die Identitätskrise augenscheinlich zu verschärfen drohte, befand sich das System in einem Zustand, der als „akute Krise" in die politikwissenschaftliche Terminologie Eingang gefunden hat. Die Jahre 1956 und 1968 sind markante Punkte für antisemitische Instrumentierungen parteiinterner Fraktionen innerhalb der Vereinigten Polnischen Arbeiterpartei (PVAP), deren auslösende Momente (nicht deren Ursachen!) sich in Distributionskrisen, Partizipationskrisen, Legitimitätskrisen und leichten Identitätskrisen dieses Systems manifestierten.

Zielsetzungen solcher Instrumentierungen waren in erster Linie „Entscheidungshilfen" in parteiinternen Auseinandersetzungen um ideologische Ziele. Man bediente sich in solchen Fällen eines weitverbreiteten Vorurteils gegen die Juden. Einerseits mußte das Bewußtsein der Bevölkerung von begangenen eigenen Fehlern abgelenkt werden, andererseits sollte die Schuld an den Fehlern ganz konkret und sichtbar für alle personalisiert werden.

Im Sommer 1956 kam es im Zuge der Entstalinisierungsphase in Polen zu Versuchen weitreichender Änderungen in politischem, wirtschaftlichem und kulturellem Sinn. Trotzdem gab es auch Bestrebungen, diese Aufbruchsstimmung durch eine stalinistische Politik zu stören, wenn nicht gar unmöglich zu machen. Dazu bediente man sich nationalistischer Parolen und der Bedrohungsthese durch „zionistische" Gruppen innerhalb der PVAP. Namen wie Jakob Bermann, Hillary Minc oder Roman Zambrowski sollten nach Meinung dieser Leute den verhaßten Teil des Stalinismus repräsentieren. Man selbst wollte einen historisch bereinigten und national angehauchten Stalinismus etablieren.

Noch viel stärker als 1956 ging es 1968 um eine Machtfrage innerhalb der Vereinigten Polnischen Arbeiterpartei. Die sogenannten „Partisanen" die sich im Laufe der sechziger Jahre um einige schillernde Figuren der faschistisch-nationalistischen Endecja der Zwischenkriegszeit bildeten, kämpften kaum um neue ideologische Positionen, sondern um nichts anderes als die Macht. Dieser Machthunger, begleitet von militanter Intellektuellenfeindlichkeit, hatte die Konsequenz, daß Juden und Liberale aus öffentlichen Positionen entfernt wurden und vielen die Lebensgrundlage in Polen entzogen wurde. An den Folgen dieses intellektuellen Aderlasses leidet die polnische politische Kultur heute noch. Diese Art der Politik hatte Gomulka zum Teil aus machtpolitischen Gründen mitgetragen.

Wie schon erwähnt, wäre es völlig verfehlt, zu glauben, in Krisen manifestierten sich die Ursachen von Vorurteilen. Damit würde man sich eine grobe Verharmlosung des Phänomens leisten und Fragen der Ursachen mit Folgewirkungen verwechseln. Anstatt von Ursache und Wirkung müsse man eigentlich von einer Wechselwirkung zwischen Krise und Rassismus sprechen, meint Etienne Balibar. Eine soziale Krise müsse auch als rassistische Krise bewertet werden, man müsse die Merkmale des „Krisen-Rassismus" untersuchen, der zu einem bestimmten Zeitpunkt in einer bestimmten gesellschaftlichen Formation entstehe.[5] Dieser Krisen-Rassismus baut in Quantität und Qualität auf bestehenden Formen des Rassismus auf (z.B. auf nationalistischen Identifizierungen). Aber es kommen spezifisch neue Elemente hinzu, die mit einem Blick auf vornehmliche Akteure und deren Klassenzugehörigkeit, den hauptsächlichen Projektionssubjekten, und die Intoleranzschwelle, wie Balibar sich ausdrückt, untersucht werden müssen. Wenn wir uns die gegenwärtige politische und ökonomische Situation in Polen vor Augen führen, ist deutlich sichtbar, daß sich dieser Krisen-Rassismus unter jenen Bevölkerungsschichten ausbreitet, die die Verlierer der politischen und ökonomischen Transformation darstellen. Die Konstituierung der Projektionssubjekte ist nur in jenem Maße erforderlich, in dem sich überlieferte Vorurteilbilder mit vermeintlich oder tatsächlich mächtigen Akteuren in der Weltwirtschaft decken. „Die" Deutschen und „Die" Juden sind diejenigen, die diese Bilder im heutigen Polen am meisten repräsentieren.[6] Das In-Erscheinung-Treten dieses Rassismus war in besonderem Maße während des Wahlkampfes zu den Parlamentswahlen sichtbar.

In einem christlich-katholischen Land wie Polen ist naturgemäß ein traditioneller Antisemitismus nach wie vor von großer Bedeutung. Christliche Ideologievorstellungen, ausgehend von zentralen Momenten dieser Lehre, stellen nach wie vor die Haupttriebkraft eines jahrhundertelang vermittelten Judenhasses dar. Dazu zähle ich vor allem den ideologischen Alleinvertretungsanspruch der christlichen Ideologie und ihre Auferlegung von Schuld durch den Vorwurf permanenter Tötungsabsicht. Diese dauernd erlittene, nicht begangene Schuld, muß kollektiv projiziert werden. Projiziert wird auf designierte Opfer. Dabei meint Adorno, sei nicht die Projektion an sich das negative, sondern der Ausfall jeglicher Reflexion. Dieser Ausfall der Reflexion tritt dann auf, wenn bedingungslos, jeglichen Zweifel als Häresie abtuend, geglaubt wird. Man unterwirft sich dem „Erlöser", glaubt an das „ewige Leben" und die „Unsterblichkeit" und an das Fortleben in einem „auserwählten Volk".[7] Damit sind Parallelen hergestellt zu einer Ideologie, die die schlimmsten Verbrechen der Menschheitsgeschichte Menschen verüben ließ. Damit sage ich nicht, daß das Christentum eine ähnliche Vernichtungsideologie wie der Nationalsozialismus verfolgt, aber die Parallelen im Aufbau der ideologischen Struktur können potentiell aus dem „reinen Blut des Erlösers" auch das „reine Blut der Rasse" machen. Diese Parallelen möchte ich aber auch deshalb aufzeigen, weil ich nicht den Eindruck erwecken möchte, daß der Säkularisierungsprozeß uns gegenüber ideologischen Zwangsvorstellungen immunisiere. Ganz im Gegenteil machen säkularisierte Religionsmechanismen die christliche Ideologie zunehmend überflüssig. Es kommt zu einem Prozeß der Verweltlichung der Religion.[8] Es ist einerlei, ob man von einer Religionscharakter annehmenden Vernunft, oder von einer Rationalisierung der Religion spricht.

Ein Strang des Prozesses der Verweltlichung der Religion manifestiert sich in der Entstehung der Nation. Grundlage einer jeden Nation bildet eine fiktive nationale Indentität: „Die Illusion ist eine zweifache. Sie besteht einmal in der Annahme, daß sich die Generationen, die jahrhundertelang auf einem annähernd gleichbleibenden Territorium unter einer annähernd einheitlichen Bezeichnung aufeinander gefolgt sind, eine unveränderliche Substanz übermittelt haben. Und sie besteht außerdem in der Überzeugung, daß die Entwicklung, deren Elemente wir im nachhinein so anordnen, daß wir uns selbst als ihr Resultat begreifen, die einzig mögliche war, daß sie schicksalshaft war. Projekt und Schicksal sind die beiden symmetrischen Figuren der Illusion über die nationale Identität."[9] In Begriffen wie Nation oder Volk versinnlichen sich religiöse Vorstellungen. In einem Brief an Richard Wagner drückt Constantin Frantz, eifriger Verfechter von Nationalstaatsideen, diese Verquickung ganz deutlich aus: „Der (der Messias Anm. d. Verf.) hat dann sein Reich im deutschen Gemüte begründet, wovon das Heilige Römische Reich deutscher Nation die erste Erscheinungsform war, als das Reich des Sohnes, dem nun das Reich des Heiligen Geistes folgen soll."[10]

Von der Seite nationalistischer Kreise in Polen wird immer wieder versucht, den Anteil der Katholischen Kirche an der nationalen Identifizierung im 19. Jahrhundert zu mystifizieren. Während der ersten industriellen Revolution verstärkte sich in den einzelnen Teilungsgebieten die Modernisierungspolitik der Teilungsmächte und versuchte eine Nationalisierung durch eine immer stärker eingreifende Verwaltung zu verhindern (gilt vor allem für Rußland und Preußen). Die starken Symbole des Widerstandes, der Adel und die Katholische Kirche, wollten die Teilungsmächte mit diesem Modernisierungsschub schwächen. Die polnische Nationalbewegung wußte aber auf diese neue Gefahr mit neuen Mitteln zu reagieren. Die Aufstände gegen die Teilungsmächte waren alle gescheitert, also suchte man das primäre Ziel nicht mehr in einem unabhängigen Staat. (Diese Option blieb aber für einen späteren Zeitpunkt bestehen.) Man konzentrierte sich auf den Vorrang einer politischen Gesellschaftlichkeit.[11] Es wurde versucht, die Klassenkonflikte innerhalb der Gesellschaft unter Berufung auf einen nationalen Notstand zurückzudrängen. Das bedeutete zum Beispiel, daß es unbotmäßig war, von seiten der besitzenden Klassen in Polen jene quasi logisch verbündete Staatsmacht der Teilungsmächte im Falle eines Klassenkonfliktes zu Hilfe zu rufen. Trotzdem wäre es übertrieben, zu behaupten, daß die Kluft zwischen den sozialen Schichten überwunden werden konnte. Wie so vieles an Politik entpuppte sich diese Gesellschaftlichkeit als ideologisches Herrschaftsinstrument innerhalb der polnischen Gesellschaft.

Die Katholische Kirche erweckte im Kampf gegen den sie bedrohenden Modernismus den Eindruck, integrierende Kraft der Polen zu sein. In Wirklichkeit ging es um ihr ureigenstes Interesse, nämlich um ihren Bestand. Und doch profitiert noch heute die Katholische Kirche von diesem Mythos.

Etienne Balibar meint, es wäre nicht so schwer, intellektuell den Kampf gegen den Rassismus aufzunehmen, wenn da nicht immer das „Verbrechen gegen die Menschlichkeit" im Namen des Humanismus begangen würde. Er spricht damit ein zentrales Ideologem der spätbürgerlichen Gesellschaft, herausentwickelt aus der Aufklärung, an. Der Humanismus ist mit seinem Anthropozentrismus gleichsam das Leitmotiv der Vernichtung all dessen, was als nicht menschenwürdig deklariert wird. Der Humanismus bietet den rationalistischen Rahmen, unter dem die emotionalen Grundlagen des Antisemitismus subsumiert werden können. Er „... entlarvt sich als breiteste Variante entstellender und unterstellender Form."[12] Die Humanität der Aufklärung gipfelt in der Naturalisierung von Menschen, die zu Opfern gemacht werden sollen. Diese Naturalisierung orientiert sich an der philosophisch motivierten und naturwissenschaftlich praktizierten Naturfeindschaft der Moderne, deren Quintessenz die Ablehnung des Menschen selbst ist. „Das Verfehlen, Vergessen und Verdrängen der Natur aber ist ein Verfehlen, Vergessen und Verdrängen des Menschen selbst. Zerstörte Natur ist ein Indiz für ein gestörtes Verhältnis des Menschen zu sich selbst."[13]

Anthropozentrismus hat sich als der stabilste Herrschaftsmechanismus herausgestellt, dem es gelingt, alles „Naturhafte" als Ressource oder als potentielles Vernichtungsobjekt zu deklarieren. Es ist wahrscheinlich eine der zentralsten Erklärungen für die Gleichgültigkeit vieler Menschen gegenüber der Vernichtung der Juden durch die Nazis. Den Menschen wurde mit großem propagandistischem Aufwand immer wieder erklärt, Juden seien keine Menschen und fielen daher auch nicht unter das Humanitätsgebot.

Die aktuelle Situation

„Es kommt einem vor, als ändere sich nichts", schreibt Detlev Claussen über den polnischen Antisemitismus und: „Die Macht des Antisemitismus im Alltagsleben bleibt ungebrochen."[14] Demgegenüber sprechen andere Kommentatoren von selbstkritischer Reflexion der Polen, vom Versuch der Trauerarbeit, vom Dialog zweier Kulturen, vom Interesse der polnischen Jugend an jüdischer Kultur, von der Abrechnung mit Ressentiments... Das Bild das sich ergibt, ist ein zwiespältiges. Es gibt ernsthafte Versuche von Intellektuellen und Künstlern in Polen, die Erinnerung an eine fruchtbare polnisch-jüdische Symbiose mit einem Schuldbekenntnis über dunkle Punkte polnisch-jüdischer Beziehungen zu verbinden. Jan Blonski hat dazu in „Tygodnik Powszechny" beeindruckende Worte gefunden: „Hören wir doch auf, uns zu verteidigen, zu rechtfertigen... die Schuld auf die politischen, gesellschaftlichen, wirtschaftlichen Umstände zu schieben. Zuerst müssen wir sagen, ja, wir sind schuldig!... Wir verlangen oft von den Juden... eine ausgewogene gerechte Einschätzung unsrer gemeinsamen Geschichte. Erst einmal aber müssen wir unsere Schuld eingestehen und um Verzeihung bitten."[15]

Ganz im Gegensatz dazu wird man zeitweilig den Eindruck nicht los, daß selbst ernsthaft reflektierende Intellektuelle in Polen das Phänomen Antisemitismus nicht richtig einschätzen. Wie sonst könnte ein Intellektueller vom Range eines Stefan Kiesielewski behaupten, der Antisemitismus in Polen repräsentiere einen sozialpathologischen Überrest, den man besser von selbst zugrundegehen lassen sollte, anstatt ihn in den Medien hochzuspielen.[16] In „Przeglad Tygodniowy" zitiert Andrzej Zieba den Schriftsteller und seiner Meinung nach „Kenner der Materie" Andrzej Kusniewicz über Ursachen des Antisemitismus in Polen. Demnach gab es in der Zwischenkriegszeit drei wesentliche Ursachen für den polnischen Antisemitismus:

a) Das polnische Bürgertum sei beim Versuch, sich an den Aufbau des wiedererstandenen polnischen Staates zu machen, auf den geschlossenen Widerstand des durch die Juden monopolisierten Handels und der Industrie gestoßen;

b) die Polen hätten die jüdische Plutokratie gefürchtet, die die größten Banken und Fabriken in ihren Händen gehalten hätte, und schließlich

c) die Polen wären durch jene Gefühle beunruhigt gewesen, die die Juden traditioneller Weise gegenüber den Deutschen gehegt hätten und sie wären beunruhigt gewesen von der Einstellung der Juden kommunistischen Ideen gegenüber.

Heute ist nach Meinung Ziebas die kleine Gruppe polnischer Juden keiner Gefahr mehr ausgesetzt, weil „...der polnische Antisemitismus eben aus dem Gefühl der Bedrohung entstanden ist."[17] Zum Abschluß hat Zieba noch einen guten Rat für die Juden parat: „Also, die Anstrengungen der Anti-Antisemiten taugen nichts, wenn die Juden selbst ihnen dabei keine Schützenhilfe leisten. Und sie helfen ihnen doch nicht, indem sie den Bombenzünder in der Hand halten. Noch ein paar lautstarke Klagen über den totalen Antisemitismus, und einige nervöse Landsleute sind bereit, darüber nachzudenken, daß sie nichts zu verlieren haben...

Hoffen wir, daß die Gesellschaft ebenso apathisch reagiert wie die Regierung."[18]

Für den Antisemitismus nach 1945 wird immer wieder die Präsenz von Juden im stalinistischen Unterdrückungsapparat als „Begründung" herangezogen. Die Vernichtung der Juden konnte nicht in Einklang gebracht werden mit dem Bild von Juden in prominenter Stellung im „Sicherheitsapparat". Damit wird der Jude in der selektiv antisemitischen Wahrnehmung zum Sinnbild für Überlebenskunst, und, durch das eigene schlechte Gewissen, zum Sinnbild für Gefährlichkeit. Damit findet der antisemitische Reflex im Vergleich zu Vorkriegspolen noch einmal eine Verbreiterung: Nicht der Jude ist der Feind, sondern der Feind wird zum Juden![19]

Die geradezu zwanghaften Versuche rationaler Erklärungen des Antisemitismus bestätigen die Erkenntnisse vieler Forscher, die die Ursachen des Phänomens Antisemitismus viel tiefer liegend ansetzen. Diese „Argumente" für die Verbreitung von Antisemitismus lassen sich einerseits mit dem Hinweis auf den Antisemitismus ohne Juden, andererseits durch Beispiele in der Geschichte widerlegen, die gezeigt haben, daß der antisemitische Reflex völlig unabhängig vom Verhalten der Juden sich äußert, nicht selten durch Instrumentierungen ausgelöst.

Der zweite Punkt, der einem als Beobachter auffällt, ist der wiederholte Mechanismus, die Opfer zu Tätern zu machen.

Das individuelle Entlastungsbedürfnis wird erreicht durch die Umdeutung negativer Gefühle einer Gruppe auf die kollektiv beschuldigten Opfer.

Oft hat man den Eindruck, als seien vor allem die offiziellen Gedenkfeiern in Polen getragen von einer „funktionellen Erinnerung", wie Detlev Claussen sagt. Man will sich neue Respektabilität und Schulderlaß erwerben, von jüdischen Repräsentanten beglau-bigt. Zu solchen Haltungen tragen aber auch bei, (hauptsächlich ökonomische) Bedingungen die Polen vom Westen auferlegt bekommt; und diese erzeugen den Erfüllungsdrang vorauseilenden Gehorsams. Diese Art der Erinnerung wird in den

Menschen nie das Gefühl für die Betroffenheit über die eigene Schuld wecken.

Ich habe am Beginn geschrieben, daß mich die Reaktionen einer Gesellschaft auf antisemitische Äußerungen sehr interessieren und daß diese Reaktionen für mich ein Indikator für die demokratische Gesinnung und die Lernfähigkeit einer Gesellschaft seien. Die Art der öffentlichen Reaktionen in Polen konstruieren mit das Bild eines spezifischen polnischen Antisemitismus. Die Reaktionen polnischer Intellektueller auf antisemitische Vorkommnisse sind oft von starker Zurückhaltung und manchmal unglaublicher Zweideutigkeit geprägt. Meistens aber sucht irgendeine Form der Erklärung solches Verhalten zu entschuldigen. In groben Fällen sollen mit Hilfe politischer, ökonomischer oder kultureller Erklärungsmuster die Opfer zu Tätern gemacht werden.

Manche Publikationen zur jüdischen Geschichte und Kultur in Polen strotzen geradezu vor Sentimentalität. In der Zeitschrift „Res Publica" heißt es 1987 unter anderem: „Diese Generation (junger polnischer Intellektueller, Anm. d. Verf.) will gewissermaßen etwas Unmögliches. Sie will diese Kultur nicht nur mehr kennen und verstehen, sondern sie möchte auch erreichen, daß weiterhin ein Dialog zwischen den beiden Kulturen, ein Austausch möglich wäre, daß der Glanz und die Schönheit der jüdischen Tradition weiter fortdauerte. Im Theater, im Kino, in der Belletristik lebt diese Kultur wieder auf, man möchte die Zeit zurückdrehen, sie noch einmal vergegenwärtigen. Man wünschte sich, daß sie nach wie vor spräche, daß sie da wäre... Diese Lücke schmerzt. Sie schreit immer lauter durch ihr Schweigen."[20] Man braucht nicht den Eindruck zu erwecken, als seien plötzlich alle Polen zu Philosemiten geworden. Außerdem ist der Philosemitismus selbst eine Sentimentalität. Das was der Bewußtmachung des Antisemitismus in Polen wirklich dienlich ist, wird heute von einzelnen Intellektuellen und Künstlern vorgezeigt. Ob es die Romane von A. Szczypiorski sind oder die Momentaufnahmen der Reste jüdischen Lebens in Polen von M. Niezabitowska und T.

Tomaszewski oder das von Kryzstof Gierat und anderen jungen Intellektuellen veranstaltete „Jewish Festival" in Krakau 1990. Kryzstof Gierat sagt in einem Interview für die „Jerusalem Post", daß das Festival hauptsächlich für Polen selbst organisiert worden ist. Wichtig scheint mir, daß viele der Projekte zur Erforschung jüdischen Lebens und Sterbens in Polen Eigeninitiativen entspringen und nicht institutioneller Verordnung unterliegen.

Staatspräsident Lech Walesa betrieb während des Wahlkampfes zu den Präsidentenwahlen ein trauriges Doppelspiel mit antisemitischen Andeutungen. Einerseits bestritt er, gegenüber der ausländischen Öffentlichkeit antisemitische Vorurteile zu haben, andererseits betonte er, daß er froh sei, ein echter Pole zu sein und daß er sich auf antisemitische Äußerungen nicht einlassen wolle, da sein katholischer Glaube die Juden als das auserwählte Volk betrachte und weil Antisemitismus Polens Aussichten auf westliche Wirtschaftshilfe schmälere. Das ist politisches Kalkül in Reinkultur. Meist verstand sich Walesa als Staatspräsident geschickt darauf, am jeweiligen Ort die richtigen Worte zu finden. Bei seinem Besuch in Israel im März 1991 sagte Walesa vor den Abgeordneten in der Knesseth: „Hier in Israel, an der Wiege ihrer Kultur und Ihrer Wiedergeburt, bitte ich Sie um Vergebung."[21] Damit brachte er alle Kritiken über seine manchmal zweideutige Haltung im polnischen Präsidentenwahlkampf augenblicklich zum Verstummen. Besonders zweifelhaft scheinen mir seine Ankündigungen, Antisemitismus und Rassismus mit legislativen Mitteln bekämpfen zu wollen.[22] Damit schließt er nahtlos an die Praxis der bis 1989 an der Macht befindlichen Kommunisten an, die zwar immer betont hatten, antisemitische Äußerungen seien im Sozialismus verboten, aber gleichzeitig reichlich Möglichkeiten fanden, Juden zu diskreditieren und zu verfolgen.

Die Haltung der Katholischen Kirche in Polen zum Antisemitismus ist tief verwurzelt in einem Zwiespalt zwischen erforderlicher Realpolitik und ideologieimmanenten Prozessen. Die polnische Geschichte der letzten 150 Jahre ist ein Paradebeispiel für diese Zwiespältigkeit. Die nationale Konstituierung Polens wurde von der Katholischen Kirche in ihrem ureigensten Interesse mitgetragen unter Errichtung fiktiver ethnischer Grenzen mit Ausschlußcharakter. Für die Wiedererstehung des polnischen Staates mußten außenpolitische Kompromisse die nationalen Minderheiten betreffend auch von der Katholischen Kirche mitgetragen werden, was die offizielle Kirche nicht daran hinderte, ihr Naheverhältnis zur Endecja offen zur Schau zu stellen. Im Nachkriegspolen anerkannte man die politischen Realitäten, hielt sich aber zu jenen Zeitpunkten (1956, 1968), an denen couragiertes Auftreten gefragt gewesen wäre, vornehm zurück oder erging sich in Zweideutigkeiten. Der Streit um das Karmeliterinnenkloster auf dem Gelände des ehemaligen Konzentrationslagers in Auschwitz belegte erneut eine zwielichtige Haltung der offiziellen Kirche. Mit wieviel erstaunlicher Eigensinnigkeit wurden jüdische Einwände zurückgewiesen. Bald aber mußte doch unter dem Einfluß internationaler Proteste eine moderatere Haltung an den Tag gelegt werden. Diese eigensinnige Haltung legitimiert die Kirche immer wieder damit, daß jüdische Reaktionen auf polnischen Antisemitismus überspannt und ungerecht seien. Als Beispiel möge die Aufschrift eines Transparentes gelten, das Demonstranten beim kürzlichen Besuch des polnischen Primas in New York mit sich trugen. Unter anderem stand darauf neben einem Emblem des Hakenkreuzes zu lesen: „Verstecke Dich nicht hinter Deinem Kreuz!"[23]

Am 20. Januar 1991 wurde in allen Kirchen Polens ein Hirtenbrief zum Thema Antisemitismus verlesen. Unter anderem wird auf die Haltung der polnischen Bevölkerung währen der Naziokkupation eingegangen. Man beruft sich auf den polnischen Beitrag zur Rettung von Juden, gesteht aber ein, daß vielleicht mehr hätte getan werden können:

„Even if only one Christian could have helped but did not extend a hand to help a Jew in need, or contributed to the death of a Jew, then we are moved to ask our Jewish sisters and brothers for forgiveness."[24]

Auf sich selbst bezogen, findet die Kirche schwer Worte des

Bedauerns. Das ist aber nicht nur in der polnischen Kirche so. Es wird eine hartnäckige Leugnung der eigenen Verantwortung betrieben, wahrscheinlich aus machtpolitischen Gründen, die ja nirgends sonst von einem derartigen Absolutum hergeleitet werden. Das schließt aber nicht aus, daß engagierte Priester antisemitische Dokumente der Kirche zusammentragen und veröffentlichen.[25] Vielleicht auch um die Wandlungsfähigkeit der Kirche zum Besseren zu dokumentieren. Wenn aber ein polnischer Bischof davon spricht, daß Antisemitismus antichristlich und Sünde sei, beginnt sich ein unseliger Kreis wieder zu schließen. Jene ideologieimmanenten Prozesse fangen wieder an zu wirken, von denen ich vorhin gesprochen habe.

Anmerkungen

1 Grosser, Alfred: Ermordung der Menschheit. Der Genocid im Gedächtnis der Völker, München 1990, S 28.

2 Antisemitismus in Österreich in: Sozialwissenschaftliche Studiengesellschaft, Heft 2, Wien 1987. Siehe dazu auch die kritischen Anmerkungen von Yochanan Peres (Tel Aviv) im selben Heft.

3 Report on Eastern Europe, volume 2, August 1991, S 49.

4 Pietrasik, Zdzislaw: Oswietlanie Mostu (Die Beleuchtung der Brücke). In: Polityka, Nr.22, 1.6.1991, S 1.

5 Balibar, Etienne: Rassismus und Krise in: Balibar/Wallerstein: Rasse Klasse Nation. Ambivalente Identitäten, Berlin 1990, S 261ff.

6 Kleer, Jerzy: Im Niemandsland zwischen Plan und Markt. Der Westen und die Wirtschaftsreformen im Osten – auf der Suche nach Auswegen aus der Krise. In: Die Zeit – Zeit forum Nr.45, 1.November 1991, S 41.

7 Von Braun, Christina: Und der Feind ist Fleisch geworden. Der rassische Antisemitismus. In: von Braun/Heid: (Hrsg.) Der ewige Judenhass, Stuttgart 1990, S150ff.

8 A.a.O. S 172.

9 Balibar, Etienne: die Nation-Form: Geschichte und Ideologie in: Balibar/Wallerstein: S 107ff.

10 Zitiert nach: von Braun/Heid: Der Ewige Judenhass, S 193.

11 Hahn, Hans Henning: Die Gesellschaft im Verteidigungszustand. Zur Genese eines Grundmusters der politischen Mentalität in Polen in: Hahn/Müller: (Hg.)

Gesellschaft und Staat in Polen. Historische Aspekte der polnischen Krise, Berlin 1988, S 25.

12 Ernst, Werner: Idionomie und Herrschaft. Ist Alteritäre Politik überhaupt möglich? In: Texte 1990, S 105.

13 Böhme, Hartmut: Natur und Subjekt, Frankfurt 1988, S 29.

14 Claussen, Detlev: Das Kreuz in Auschwitz in: Frankfurter Jüdische Nachrichten, Nr.9/10, 1988, S 9.

15 Pollack, Martin: Polen und Juden: Erst müssen wir um Vergebung bitten. In: Illustrierte Neue Welt, Februar 1987, S 9.

16 Brumberg, Abraham: Intelligentsia und Antisemitismus in Polen. In: Europäische Rundschau Nr.1, 1991, S 37.

17 Zieba, Andrzej: Die Gedächtnisdressur, Antisemitismus und Antipolonismus – zwei Vogelscheuchen aus einem unehelichen Bett. In: Przeglad Tygodniowy, Nr.50, 1989 zitiert nach: Osteuropa Archiv Januar 1991, S 19.

18 A.a.O. S 22.

19 Siehe: Tasbir, Janusz: Od Antyjudaizmu do Antysemityzmu (Vom Antijudaismus zum Antisemitismus) in: Polityka Nr.41, 13. Oktober 1990, S 14. Kersten, Krystyna: Wladza-Kommunizm-Zydzi (Gewalt-Kommunismus-Juden) In: Polityka Nr.27, 6. Juli 1991, S 14.

20 Krzeminski, Adam: Diese Lücke schmerzt. Nach einer Zeit nationalistischer Verirrungen besinnt sich Polen wieder seiner jüdischen Vergangenheit. In: Die Zeit, Nr.10, März 1989, S 58.

21 Zitiert nach: Archiv der Gegenwart, 23. Mai 1991, 35660.

22 Archiv der Gegenwart, 11. April 1991, 35527.

23 Zitiert nach: Kalabinski, Jacek: Maly deszcz z chmury zadraznienia (Kleiner Regen aus einer Wolke der Gereiztheit) In: Gazeta wyborcza Nr. 236A L, 9. Oktober 1991, S 6.

24 Sabbat-Swidlicka, Anna: The Bishops Address the Issue of Anti-Semitism in Poland. In: REE, Volume 2, Nr.7, February 1991, S 18.

25 Chrestowski/Rubinkiewicz: (Zebrali i epracowali) Zydzi i Judaizm w Dokumentach Kosciola i Nauczaniu Jana Pawla II (1965-1989) (Juden und Judaismus in Dokumenten der Kirche und in den Lehren Johannes Paul II. (1965-1989) Warszawa 1990.

KARL PFEIFER

KROATIEN, DER VATIKAN UND DIE JUDEN

Die Frage, ob die katholische Kirche eine moralische Autorität oder lediglich eine weltweite politische Institution ist, kann nicht eindeutig beantwortet werden. Der Anspruch dieser Kirche – eine moralische Autorität sein zu wollen – sollte an ihren Taten gemessen werden.

Korrespondenz mit Kathpress

Telefax des Autors an Kathpress am 23.10.1991:

... Ich beabsichtige einen Artikel über ein in Österreich anscheinend tabuisiertes Thema zu schreiben, über die Beteiligung kroatischer Kleriker am Völkermord in der Zeit des Ustaschastaates 1941-1945 und über die Hilfe, die diesen schuldig gewordenen Klerikern von katholischen Würdenträgern Österreichs zuteil wurde. Außerdem möchte ich auf die Tatsache eingehen, daß diese Kleriker und andere Ustaschaverbrecher nach der Niederschlagung des Naziregimes und seiner Satelliten im Vatikan beherbergt wurden.

Im Rahmen meiner Recherchen, bitte ich Sie, mir zu helfen, die Stellungnahme(n) der kroatischen katholischen Kirche zu den schweren Beschuldigungen, die in folgenden Büchern dokumentiert und erhoben werden, zu erhalten:

Karlheinz Deschner: Die Politik der Päpste im 20. Jahrhundert,

Mark Aarons, John Loftus: Ratlines. How the Vatican's Nazi Networks Betrayed Western Intelligence to the Soviets.

Bereits telefonisch fragte ich an, ob kroatische Kleriker, die beim Morden persönlich Hand angelegt haben, zum Beispiel der Franziskaner Miroslav Filipovic-Majstorovic (zeitweiliger Kommandant des Konzentrationslagers Jasenovac) aber auch viele andere, von der katholischen Kirche exkommuniziert wurden. Außerdem habe ich gefragt, ob die katholische Kirche Kroatiens für diese Vorgänge nach 1945 gegenüber den Opfern (Serben, Juden, Roma und Antifaschisten) Reue gezeigt und sich entschuldigt hat.

Um ausgewogen und genau berichten zu können, bitte ich sie höflich, die von mir gestellten Fragen zu beantworten.

Telefax des Autors an Kathpress am 23.10.1991.

Zusätzlich zu meinem heutigen Schreiben sende ich Ihnen den Titel, den ich hier fotokopiert habe. Die Holocaust and Genocide Studies werden vom Jerusalemer Institut Yad Vashem herausgegeben.

Ich bitte höflich um Ihre Hilfe. Es würde mich interessieren, ob die katholische Kirche Kroatiens auf diese schweren Beschuldigungen geantwortet hat.

Holocaust and Genocide Studies, vol.4. Nr.3 pp 323-339, 1989

„Christian confrontations with the Holocaust

The Catholic Church in Croatia, the Vatican and the murder of the Croatian Jews, Menachem Shelah, University of Haifa, Haifa, Israel

Abstract – The ambivalent position of the Croatian Catholic Church towards the barbaric regime of murderers known as ,The independent Croatian State' (1941-1945) determined that Church' attitude to the murder of Croatia's Jews.

As in other German satellite countries the Church tried, unsuccessfully, to defend converted Jews. On the other hand, it remained unperturbed in the face of the persecution of the Jews, the seizure of their property, elimination of their rights, and ultimately, their banishment to campf where they were murdered.

Only towards the end of the war did the heads of the Croatian

Church raise their voices in protest against the murder of the Jews, but that was after the almost total destruction of Croatian Jewry.

Not only that – the Church did not so much as censure, nor did it eliminate from its ranks, priests and men of religion who took part in the incitment against the Jews and in their murder."

Kathpress an den Autor am 26. Oktober 1991

Zunächst muß ich Sie noch um Geduld bitten. Ich habe in Sachen Kroatien zwar alle möglichen Kontakte angebahnt, habe aber bisher keine Rückmeldungen erhalten.

Der Provinzial der kroatischen Franziskaner, P. Matausic, hat mir bei seinem Wien-Besuch am 21. Oktober Dokumentationsmaterial versprochen, das er aber auch erst beschaffen muß. (*Ich erhielt die deutsche Übersetzung eines Protokolls, wonach der Franziskaner Majstorovic aus dem Orden ausgestoßen wurde, über seine Exkommunikation, über die Exkommunikation von anderen Priestern und Mönchen die beim Morden mit Hand angelegt hatten, konnte ich keine Dokumente erhalten; Anm. K.P.*)

Alle Nachforschungen in Kroatien selbst sind natürlich sehr dadurch behindert, daß dort ja unmittelbar nach der Befreiung 1945 der kommunistische Kirchenkampf eingesetzt hat (siehe Stepinac-Prozeß usw.). Die Monopolisierung der Auseinandersetzung mit der faschistischen Vergangenheit durch die Kommunisten hat nicht gerade zur „Trauerarbeit" beigetragen.

Sobald ich etwas Konkretes in Händen habe, übermittle ich Ihnen diese Unterlagen sofort.

Kathpress Nr. 203, 22. Oktober 1991

...Kritik an Propaganda, die das Streben der Kroaten nach Unabhängigkeit mit dem Ustascha-Faschismus gleichsetzen und die katholische Kirche als dessen Handlanger hinstellen will.

Zagreb, 22.10.1991 (KAP)...

Geschichte ohne Pauschaldarstellungen

Der Ordensobere wies in dem Gespräch Tendenzen zurück, das

Streben der Kroaten nach Souveränität mit dem faschistischen Ustascha-Regime während des Zweiten Weltkriegs quasi gleichzusetzen und die katholische Kirche als deren Handlanger darzustellen. Diese Propaganda von serbischer Seite werde manchmal auch in westlichen Medien übernommen. Damit würde aber die geschichtliche Wahrheit über weite Strecken verkannt, betonte Matausic. Die Kroaten hätten zunächst in dem nach dem Ersten Weltkrieg errichteten Königreich der Serben, Kroaten und Slowenen (SHS) den Wunsch nach Selbstbestimmung verwirklicht gesehen. Der bald einsetzende innenpolitische Kampf gegen den serbischen Zentralismus habe dann 1939 doch zum Erfolg geführt und mehr Autonomie für die Kroaten im jugoslawischen Königreich gebracht.

Als 1941 Jugoslawien von den Achsenmächten aufgeteilt und auf Druck Hitlers das autoritäre Ustascha-Regime eingesetzt wurde, sei dies nicht aufgrund eines Mehrheitsbeschlusses des kroatischen Volkes geschehen, betonte der Franziskanerobere. Die große Mehrheit der Kroaten habe bei den letzten Wahlen vor der Machtübernahme der Ustascha die christliche Bauernpartei gewählt, deren Führer Macek sich dann weigerte, von Hitlers Gnaden zu regieren. Das Ustascha-Regime sei daher vor allem von der rechtsextremen Minderheit, die zweifellos vorhanden war, getragen gewesen, und nicht von „den Kroaten".

Kirche verurteilte Verbrechen

Die Haltung und die Stellungnahmen der Kirche zu diesen politischen Entwicklungen und zum Streben des kroatischen Volkes nach Selbstbestimmung dürften nicht beurteilt werden, ohne deren Datum zu berücksichtigen, betonte der Franzsikanerobere. Die Kirchenführung habe zwar zunächst noch positive Erwartungen an das Ustascha-Regime geknüpft, sobald aber dessen Verbrechen und dessen zunehmend totalitäre Züge deutlich wurden, habe man sich umgehend distanziert. Die aus dieser Zeit vorliegenden Stellungnahmen und Predigten zeigten, daß die Mehrheit der Bischöfe Gewalt gegen Minderheiten verurteilt und deren

Rechte eingefordert hat. Der immer wieder genannte Franziskanerpater Filip Majstorovic, der als Kommandant des Konzentrationslagers Jasenovac an den dort verübten Morden beteiligt war, sei noch vor der Übernahme dieser Funktion aus dem Orden ausgeschlossen und exkommuniziert worden, betonte Matausic.

Es sei außer Zweifel, daß sich Katholiken in der Ustascha-Zeit mitschuldig gemacht haben, und das sei auf das äußerste zu bedauern. Man dürfe aber weder die Katholiken noch das kroatische Volk pauschal be-und verurteilen, forderte der Ordensobere.

Telefax des Autors an Kathpress, 29.10.1991

Es ist unbestritten, daß Kardinal Stepinac nach 1945 ungerecht behandelt wurde und daß er auch einige Reden während des Krieges gehalten hat, in denen er die Ermordung der Juden verurteilte.

Trotzdem, und gerade deswegen, muß man auch fragen, wieso die Kirche, die von den Ustascha-Verbrechern in jeder Weise geachtet wurde, nicht mehr Verfolgte retten konnte. Die katholische Kirche blühte – nach eigenen Zeugnissen – vor 1941 im Königreich Jugoslawien, auch wenn es kein Konkordat gab. Trotzdem haben sich viele Franziskaner der faschistischen Ustascha-Bewegung noch vor 1941 angeschlossen und dienten einige Franziskanerklöster der Ustascha als Basen. An den Verbrechen des Ustascha-Regimes waren außer Majstorovic eine große Anzahl von Franziskanern beteiligt. Auf meine Quellen habe ich ja bereits hingewiesen und die Erklärung des Franziskanerprovinzials „das sei aufs äußerste zu bedauern" kann doch nicht eine eindeutige Erklärung und Distanzierung der katholischen Kirche Kroatiens ersetzen. Seither sind 46 Jahre vergangen und die Kirche hat es bis jetzt verabsäumt, diese Erklärung abzugeben.

Wenn die katholische Kirche Kroatiens sich wie der Franziskanerprovinzial auf „serbische Propaganda" beruft, dann ist die Frage zu stellen, ob diese Kirche Teil einer weltumfassenden Kirche ist, die auch moralische Autorität beansprucht, oder aber ihre Loyalität in erster Linie dem lokalen Nationalismus schuldet.

Es kann auch gefragt werden, ob nicht gerade auch dieser Mangel an Einsicht den bestehenden destruktiven Nationalismus bestärkt hat und damit die kroatische Kirche am jetzigen Blutbad in Jugoslawien mitverantwortlich wurde.

Priester und die Morde an Juden

Kurz nach dem Ende des Zweiten Weltkrieges wurden Erzbischof Aloys Stepinac, das Oberhaupt der katholischen Kirche Kroatiens, und eine Anzahl seiner Gehilfen vor ein jugoslawisches Gericht gestellt und wegen Kollaboration und ihrer Hilfe für den Satellitenstaat UKS (Nezavisna Drzava Hrvatska – N.D.H.) zu langjährigen Haftstrafen verurteilt. Viele Beweise ihrer Schuld konnten während der Gerichtsverhandlung präsentiert werden. Es wurde der Nachweis erbracht, daß der Vatikan von den Verbrechen der Regierung Pavelic wußte. Es wurde auch bewiesen, daß viele Priester sich an den Morden und Grausamkeiten gegen Serben, Juden und Zigeuner beteiligten.[1] Allerdings hatte Erzbischof Stepinac 1942 auch öffentlich gegen den mörderischen Rassismus Stellung bezogen.

Der Vatikan publizierte, nachdem Hochhuths Drama „Der Stellvertreter" eine internationale Diskussion ausgelöst hatte, in einer unüblichen Geste eine Dokumentation über seine Aktivitäten während des Zweiten Weltkrieges.[2]

Die katholische Kirche Kroatiens hatte im Pavelic-Regime eine ähnliche Position wie die Kirche in der Slowakei Tisos. Der katholische Charakter des Regimes und die religiöse Treue ihrer Führer garantierte einen starken Einfluß der Kirche im Staat.[3] Die Kirche war also über alle Aktivitäten in Kroatien informiert und hatte große Einflußmöglichkeiten.

Obwohl es kein Konkordat gab, blühte die katholische Kirche Jugoslawiens nach eigenem Zeugnis im Königreich Jugoslawien vor dem deutschen Angriff im April 1941.[4] Doch bereits im Oktober 1940 publizierte das offizielle Organ der kroatischen

Kirche, Hrvatska Straza, einen Artikel, der erklärte, „Das heutige Deutschland weiß, daß Kroatien mit Deutschlands Kampf für Gerechtigkeit und Erneuerung sympathisiert... es ist eine bekannte Tatsache, daß kroatische Nationalisten das nationalsozialistische Deutschland vom Anbeginn seines Kampfes unterstützt haben."[5]

Die Haltung der kroatischen Kirche zu den Juden wurde von einem „gemäßigten Antisemitismus" gekennzeichnet. Es war die klassische christliche Anschauung, die Juden hätten sich geweigert, die Lehre Christi zu akzeptieren, hätten ihn gekreuzigt und deswegen wären sie zur ewigen Erniedrigung verurteilt. Die Kirche widersetzte sich nicht, als man die Juden ihrer Rechte berauben wollte, sie wollte nur soviel Juden als möglich konvertieren. Der Unterrichtsminister und katholische Priester Korosec war 1940 der Initiator eines Numerus Clausus. Der ideologische Antisemitismus der führenden Würdenträger der Kirche wurde von den untergeordneten Klerikern in einen wilden Antisemitismus à la Stürmer umgewandelt. Außer dem Mord an Jesus wurden die Juden auch für den Bolschewismus haftbar gemacht und beschuldigt, mit der „Plutokratie" zusammenzuarbeiten, und als allerschlimmste Beschuldigung erwies sich die angebliche Unterstützung der so gehaßten serbischen Behörden. Trotzdem wurden die Juden nicht besonders schikaniert. Die Beziehungen zwischen den kirchlichen Würdenträgern und den Leitern der jüdischen Gemeinden waren korrekt bis freundlich.

Bereits am Tag nach der Proklamation des „Unabhängigen Kroatischen Staates" (UKS) ging Stepinac zu Pavelic' Stellvertreter, General Kvaternik, und erwies ihm seine Reverenz. Am 28. April 1941 veröffentlichte Erzbischof Stepinac einen Hirtenbrief: „Auf der Grundlage der persönlichen Bekanntschaft mit denen, die heute den Staat führen, bin ich überzeugt, daß unser Volk volles Verständnis und Hilfe erhalten wird."[6] Vom Beginn bis zum Ende des „Unabhängigen Kroatischen Staates" bestand engste Zusammenarbeit zwischen Pavelic und der Kirche. Bischöfe und Priester saßen im Sabor, dem Ustascha-Parlament, Geistliche dienten als Offiziere in Pavelic' Leibwache, Franziskaner kommandierten in Konzentrationslagern, selbst die Nonnen, die Busen teilweise beladen mit Ustascha-Orden, grüßten nach Art der Faschisten und marschierten bei den Paraden unmittelbar hinter dem Militär. Anfang Mai 1941 wurde ein Te Deum in allen Kirchen des neuen Staates für das Wohlergehen des Ustascharegimes zelebriert.[7]

Der Zagreber Erzbischof Aloys Stepinac war ein kroatischer Nationalist, ein Antikommunist, der glaubte, Nazi-Deutschland wäre das kleinere Übel. Der schlimmste Ustaschahetzer war der Bischof von Sarajewo, Ivan Saric. Am 25. Mai 1941 veröffentlichte seine Zeitung den Artikel „Warum werden die Juden verfolgt". Saric schrieb: „Die Nachfahren derjenigen, die Jesus haßten, ihn zu Tode brachten, ihn kreuzigten und seine Schüler verfolgten, sind größerer Sünden schuldig als ihre Vorfahren. Die jüdische Gier wächst. Die Juden haben Europa und die Welt in eine moralische und ökonomische Katastrophe geführt. Ihr Appetit wird immer größer, nur die Herrschaft über die ganze Welt kann sie befriedigen... Der Satan half ihnen bei der Erfindung des Sozialismus und des Kommunismus. Es gibt eine Grenze für die Liebe. Die Bewegung, die die Welt von den Juden befreien will, ist eine Bewegung für die Erneuerung der menschlichen Würde. Der allwissende und allmächtige Gott steht hinter dieser Bewegung."[8] Der Bischof von Djakovo, Asamovic schrieb in seiner Zeitung: „Heute ist es für jeden Bürger eine heilige Pflicht seinen arischen Ursprung nachzuweisen."[9] Einen wichtigen Platz nahm auch der Theologieprofessor Ivan Guberina, Geistlicher und Führer der Katholischen Aktion, Hauptmann in Pavelic's Leibwache ein. Er wollte Kroatien „von allem Gift auf jede nur mögliche Weise" gereinigt sehen, „auch durch das Schwert", „auch präventiv, ohne den Augenblick des Angriffs abzuwarten". Nannte er es doch „die Pflicht des Katholiken, alles zu tun, um Werkzeug der vollkommenen Offenbarung dessen zu werden, was in der Ustascha-Bewegung wesentlich und positiv ist... Die Kirche wird zufriedener sein, wenn ihre Gläubigen bewußt in den Reihen der Ustascha kämpfen werden".[10]

Erzbischof Stepinac hat nichts unternommen, um solche Stimmen zum Schweigen zu bringen. Während die Spitzen der kroatischen Kirche gegen nationale Minderheiten hetzten, sich selbst lobten und fremdes Eigentum „aneigneten", bemühten sich Dutzende Priester und Mönche, Kroatien „von allem Gift auf jede nur mögliche Weise" zu reinigen, sie zogen die kirchlichen Kleider aus und erschienen in Ustaschauniformen, um an der „Heiligen Arbeit" des Mordes, der Vergewaltigung und des Raubes teilzunehmen. Einer dieser, der Priester Mate Mugos schrieb in der Zeitung Novi List: „Bisher dienten wir dem katholischen Glauben mit dem Gebetbuch und dem Kreuz. Die Zeit ist gekommen für das Gewehr und den Revolver".[11] Besonders erwähnt werden müssen folgende mörderische Priester: der Franziskaner Mirsolav Filipovic-Majstorovic, der „Teufel" der Konzentrationslager Jasenovac und Stara-Gradiska; Bozidar Bralo aus der Umgebung des Bischof Saric, Chef der Ustascha-Sicherheitspolizei in Sarajewo und einer der Initiatoren der judenfeindlichen Maßnahmen dieser Stadt; Dyonisy Juricev, Chef der Abteilung für Religion im Ministerium für Erneuerung, der erklärte: „Es ist keine Sünde mehr, ein siebenjähriges Kind zu töten, wenn es gegen die Gesetzgebung der Ustascha verstößt. Obwohl ich das Kleid des Priesters trage, muß ich oft nach dem Maschinengewehr greifen",[12] Ilija Thomas, einer der Chefmörder in der Herzegowina und viele andere.

Der Vatikan und die Ustascha-Massaker

Anfang August 1941 erreichten die Nachrichten von den Ustascha-Massakern gegen Serben und Juden den Vatikan. Der Vertreter des Vatikans berichtete über die Lage der kroatischen Juden: „Die kroatischen Juden müssen einen speziellen Fleck... mit den Buchstaben ‚Z' (Zidov, d.h. Jude) in der Mitte tragen. Dieses Zeichen führt zum Haß (gegen die Juden) in kroatischen Herzen, verursacht ökonomischen Schaden und drängt die Juden zur Taufe. Ich halte es nicht für unmöglich, daß übernatürliche Kräfte und die göttliche Vorsehung involviert sind. Unsere Priester kommen den Bitten um die Taufe nach, aufgrund der Annahme, wenigstens die Kinder der getauften Juden, die christliche Schulen besuchen, werden (in Zukunft) wirkliche Christen."[13]

Der Staatssekretär des Vatikans, Maglione, antwortete, daß der Vertreter des Vatikans mit diskreten Aktivitäten fortfahren möge, um die Wiederholung von „zu bedauernden Aktionen" (fatti lamentati) gegen die Serben zu vermeiden. Über die Juden schrieb er: „Wenn ihre Eminenz (Marcone) eine passende Gelegenheit finden können, dann sollte er in diskreter Form, die nicht als offizielle Bitte interpretiert werden sollte, vorschlagen, daß man auf kroatischem Territorium die Juden mit Mäßigung behandelt. Ihre Eminenz sollten vorsehen, daß die Aktivitäten des Klerus, die politischer Natur sind, keine Reibung zwischen den Parteien verursachen und daß der Eindruck einer loyalen Kooperation mit den Zivilbehörden immer gewahrt wird." Der Vatikan war – wo es um Massenmord an Serben oder Juden ging – sehr vorsichtig. Sogar den Anschein einer Konfrontation mit dem mörderischen Ustascha-Regime wollte er vermeiden.[14]

Anfang September 1941 besuchte der erste Ustascha-Vertreter im Vatikan, Pater Cherubin Segvic, den Papst, der ihn viel länger als „Erzbischöfe" bei sich behielt, und ihn über „alles" befragte, „was in Kroatien vorgeht; insbesondere fragte er mich nach dem Poglavnik und nach allen anderen Mitgliedern der Regierung, nach ihren religiösen Meinungen und ihrer religiösen Erziehung". Papst Pius XII begrüßte 1941 und 1942 Ustascha-Jugend-Delegationen. Im Dezember 1942 rief er den besuchenden Ustascha-Jugendlichen zum Abschied zu: „Es leben die Kroaten". Die Serben und die Juden wurden zur gleichen Zeit von der Ustascha ermordet.[15]

Segvic berichtete bereits im Herbst 1941 aus Italien: „Man hat von uns die Vorstellung, wir seien eine Horde von Barbaren und Kannibalen".[16] Unter dem Eindruck des furchtbaren Geschehens rief Stepinac eine Bischofs-Synode (17.-20. November 1941) zusammen. Stepinac berichtete über die Resultate direkt an Pius XII.: „Die Bischofs-Synode diskutierte die Angelegenheiten derjenigen, die heute leiden, und sandte einen Brief an den Staatsführer, der fordert, daß man die Juden menschlich behandeln soll, soweit das möglich ist, die Anwesenheit der Deutschen dabei in Betracht ziehend. Der Fall der unlängst Getauften und der Nachfahren der (längst) getauften Juden wurde insbesondere betont."[17] In Wirklichkeit intervenierte die Bischofs-Synode exklusiv nur für die getauften Juden.

Die Kirche und die Deportation im August 1942

Anfang 1942 kam das Gerücht auf, daß man die kroatischen Juden nach Polen deportieren wolle. Stepinac sandte am 7. März 1942 einen Brief an Innenminister Artukovic und versuchte alle Juden zu verteidigen.[18] Ende April 1942 besuchte Stepinac Rom. Nach seiner Ankunft sandte er ein neun Seiten umfassendes Memorandum an den Papst, in dem er behauptete, die Ustascha-Greuel wären die Ausnahme und ohne Kenntnis der Behörden durchgeführt. Der einzige Bericht über diesen Besuch stammt aus kroatischer Quelle (der Vatikan hat bis jetzt nichts darüber veröffentlicht), Rusinovic, der kroatische Vertreter im Vatikan berichtete: „(Stepinac) informierte mich über die wichtigsten Punkte seines Memorandums, das er an den Papst sandte. Ich kann versichern, daß er mit seinem Angriff auf die Tschetniks und die Kommunisten, die er für die Ursache des Übels hält, uns sehr günstig gesinnt ist. Nach seiner (Stepinac) Meinung sollte es niemandem gestattet sein, das unabhängige Kroatien anzugreifen. Stepinac wurde eine Audienz gewährt, die eine Stunde dauerte."[19]

Eine Woche nach seiner Rückkehr aus Rom lancierte Stepinac einen öffentlichen Angriff gegen die Ustascha-Greuel vor Tausenden Katholiken. Er sagte am 24. Mai 1942: „Alle Rassen und Nationen wurden nach Gottes Ebenbild geschaffen... deswegen hat die Kirche in der Vergangenheit und auch in der Gegenwart jede Ungerechtigkeit und Gewalt kritisiert, die im Namen einer Klasse, Rasse oder Nationalität ausgeübt wird. Es ist verboten, Zigeuner und Juden zu vernichten, weil man sagt, sie gehören einer minderen Rasse an...".[20]

Eine Woche später, am 31. Mai 1942, sprach er wieder über das gleiche Thema und sagte „Das Weiterbestehen einer anständigen Ordnung verlangt das anständige Behandeln der Nachbarn, d.h. man muß die Menschen, als Schöpfung Gottes, so behandeln wie uns selbst und nicht wie wilde Bestien."[21]

Zagrebs Oberrabbiner Freiberger wandte sich an die Kirche mit der Bitte um Hilfe. Der Oberrabbiner befolgte Stepinac' Rat und schrieb (acht Tage vor Beginn der Deportationen) am 4. August einen persönlichen Brief an den Papst.[22] In der Antwort am 29. August (als die Deportationen fast beendet waren) instruierte der Vatikan seinen Vertreter in Zagreb, Rabbi Freiberger zu danken für seinen Brief, jedoch „vorsichtig, taktvoll, den Umständen entsprechend."[23] Am 30. September (!) fand Marcone die Zeit, um dem Vatikan über die Juden zu berichten: „„...während einiger Wochen (d.h. während der Zeit der Deportationen, K.P.) habe ich den Oberrabbiner von Zagreb öfter getroffen. Freiberger... ist voll des Dankes für die Aktivitäten des Heiligen Stuhls für die Juden. Er wußte auch, daß ich und mein Sekretär ständigen Kontakt mit dem Polizeichef hatten. Unglücklicherweise waren wir nicht in der Lage, den Lauf der Sache zu ändern, doch viele Bitten, die wir für die Entlassung von Juden gestellt haben, wurden gewährt. Alle Angehörige gemischter Familien, Katholiken und Nicht-Katholiken wurden gerettet."[24]

Am 6. Oktober erhielt Marcone aus dem Vatikan folgende Instruktion: „Der Heilige Stuhl erhält weitere Nachrichten und Briefe betreffend die bedauernswerte und alarmierende Lage der kroatischen Juden. (Die Briefe) waren von Bitten begleitet, daß wir für diese unglücklichen Leute intervenieren... Ich bitte daher Ihre Eminenz, zwischen anderen Angelegenheiten, die Aufmerksamkeit der betreffenden Behörden, mit entsprechendem Takt, auf diese Angelegenheit zu lenken."[25] Mitte 1942 war der Vatikan über den industriellen Massenmord an den Juden voll unterrichtet.[26]

Marcone handelte nach den Instruktionen von Staatssekretär Maglione. Er schrieb am 8. November: „... Ich tat mein Bestes, um die bedauernswerte Lage der kroatischen Juden zu erleichtern. Ich diskutierte die Angelegenheit immer wieder mit dem Poglavnik und dem Polizeichef, der mir offen sagte, er könne nicht die Maßnahmen gegen diese unglücklichen Leute abstellen, und daß früher oder später alle nach Deutschland verschickt werden."[27]

Obwohl die Kirche ihre Kritik „taktvoll" äußerte, hatte diese Befürchtungen bei der Ustascha-Führung ausgelöst. Ende November sandten sie den Militär-Bischof Vilim Cecelja zu Stepinac. Laut einem deutschen Bericht machte der Zagreber Erzbischof die kroatische Regierung für das Wachsen der kommunistischen Partisanenbewegung verantwortlich, die die Deutschen kopiere mit ihren drakonischen und ungesetzlichen Maßnahmen gegen orthodoxe Serben, Juden und Zigeuner.[29]

Meinungsverschiedenheiten im Vatikan

Im März 1942 wurde der kroatische Vertreter Dr. Rusinovic zum erstenmal von Montini (dem späteren Papst Paul VI.) im Vatikan empfangen. Montini wußte sehr wohl, daß es „gegen Kroatien in der Welt so viel Lärm" gibt und fragte: „Ist es möglich, daß so große Verbrechen geschehen sind?"[29]

Tardini, Montinis Kollege, sprach mit Rusinovic im April 1942 und sagte, Kroatien sei noch ein junger Staat, „und junge Menschen begehen oft Irrtümer, die schicksalsmäßig an ihr Alter gebunden sind; darum überrascht es nicht, daß auch Kroatien solche begangen hat. Das ist menschlich, man kann es begreifen und rechtfertigen... Aber mit Intelligenz, gutem Willen und der Hilfe Gottes werdet ihr alle Schwierigkeiten überwinden."[30]

Staatssekretär Maglione war viel vorsichtiger und zurückhaltender, meistens hörte er sich schweigend an, was ihm der kroatische Vertreter berichtete.[31]

Pius XII. hat die Ustascha-Brutalitäten nie verurteilt. Er pries noch im Juli 1943 vor dem General und Ustaschaminister Simcic die Kroaten als ein „Volk guter Katholiken" und gab sich „sehr zufrieden" darüber, „daß er Gelegenheit gehabt habe, mit dem Poglavnik zu sprechen, von dem alle sagten, er sei ein praktizierender Katholik."[32]

Doch nicht alle Würdenträger des Vatikans waren dem Verbrecherregime der Ustascha so freundlich gesinnt. Kardinal Eugen Tisserant sagte den Ustascha Vertretern klipp und klar, was er von Ihnen hielt. Der dritte Ustaschavertreter im Vatikan, Fürst Erwin Lobkowicz, notierte: „Nach solchen Beleidigungen für Kroatien kann man mit Tisserant keine Beziehungen mehr aufrechterhalten."[33]

Bemühungen der Kirche zur Verhinderung der Deportation

Anfang 1943 gab es wieder Gerüchte, daß man die wenigen in Kroatien verbliebenen Juden auch deportieren werde. Doch diesmal ging es hauptsächlich um Getaufte und Partner gemischter Ehen. Die Kirche intervenierte unverzüglich. Am 14. und am 28. März predigte Stepinac gegen die Rassendiskriminierung.[34] Am 6. März sandte er einen scharfen Protestbrief an Pavelic, mit dem er seine jüdischen Schützlinge verteidigte.[35] Der Brief erzielte die gewünschte Wirkung. Von diesem Datum an wurden jüdische Ehepartner und ihre Kinder weder verhaftet noch in ein Konzentrationslager verschickt. In den wenigen Fällen, wo es zu einem Fehler oder zu einer deutschen Eigenmächtigkeit kam, intervenierten die kroatischen Behörden und fast alle wurden wieder freigelassen. Es ist bemerkenswert, daß Stepinac, der in Kroatien hohes Ansehen genoß, drohte, gegen die Deutschen zu sprechen und dafür Pavelic verantwortlich zu machen. Väterliche, taktvolle

Ratschläge wurden durch eine ausdrückliche Drohung ersetzt. Stepinac erwähnte in seinem Brief auch die Konzentrationslagerhäftlinge, jedoch drückte er sich diesbezüglich weniger scharf aus, als im ersten Teil seines Briefes. Auch der Vertreter des Vatikans, Marcone, intervenierte.[36]

In der westlichen Presse erschienen zu gleicher Zeit Artikel über die Ustaschagreuel, und der Vatikan begann zu fürchten, man könnte ihm Gleichgültigkeit vorwerfen. Um das zu verhindern, bat Staatssekretär Maglione im April 1943 Marcone, er solle ein Memorandum über seine und Stepinac' Hilfsaktivitäten zugunsten der Serben und Juden vorbereiten. Marcone antwortete am 8. Mai und meinte, die meisten Beschuldigungen wären von serbischen Kreisen – die die Katholiken zur Zeit des jugoslawischen Staates schikanierten – verbreitete Verleumdungen.[37]

In der Zwischenzeit wurde am 3. Mai mit der letzten großen Jagd auf die noch verbliebenen kroatischen Juden begonnen und die von der Kirche bislang protegierten Persönlichkeiten, wie der Präsident der Zagreber Kultusgemeinde und der Oberrabbiner, ein persönlicher Freund von Stepinac, wurden nach Auschwitz deportiert. Die Intervention kirchlicher Würdenträger blieb erfolglos. Außer den jüdischen Partnern, die in gemischten Ehen lebten, wurden die meisten Juden, inklusive die getauften, nach Auschwitz deportiert.[38]

Diesmal begnügte sich der Vatikan nicht mit einem schriftlichen Bericht und bestellte Stepinac nah Rom. Vor Beginn seiner Reise sandte er dem Vatikan ein Konvolut von Dokumenten, das laut Begleitbrief folgendes beinhaltete:„1)...Was wir für die Serben taten, trotz der Tatsache des Unrechts, das sie uns während der 20 Jahre des jugoslawischen Staates antaten. 2) Was wir für die Juden taten." Stepinac weiter: „Im Gegensatz zur serbischen Propaganda gegen die Kirche in Kroatien ist es die geschichtliche Wahrheit, daß die katholische Kirche Kroatiens ihre Stimme vor den führenden Staatsmännern zu einer Zeit erhoben hatte, als dies andere Interessen der Kirche gefährdete. Das wurde von den Serben bestätigt und geschätzt. Die nicht von Haß aber von Wahrheit und Dankbarkeit motiviert werden." Stepinac betonte die Verdienste der Ustascha um die Konversion der orthodoxen Serben, dankte dem kroatischen Klerus, „vor allem den Franziskanern" und beschwor den Papst, sich den Kroaten zuzuwenden. Zeige ihr junger Staat doch „bei jeder Gelegenheit, daß er seiner herrlichen katholischen Kirche in diesem Winkel des Erdballs eine bessere, hellere Perspektive eröffnen will." Dann setzte er fort: „Die kroatische Regierung kämpfte entschieden gegen die Abtreibung, welche nicht nur drohte Kroatien zu ruinieren, sondern auch die Kirche. Es wurde von 20.000 Abtreibungen pro Jahr gesprochen, aber ein loyaler katholischer Arzt sagte mir, es gäbe bis zu 60.000. Die orthodoxen (serbischen) Behörden Belgrads taten nichts, um dieses Übel abzustellen, welches anfänglich von jüdischen und orthodoxen (serbischen) Ärzten eingeführt wurde. Die kroatische Regierung verbot pornografische Publikationen, welche auch anfänglich von Juden und Serben gedruckt und verbreitet wurden."[39]

Stepinac hielt sich vom 24. Mai bis zum 4. Juni 1943 in Rom auf. Während seiner Besprechungen mit den vatikanischen Würdenträgern gab er sich plötzlich als begeisterter Verteidiger des Ustaschastaates. Der Höhepunkt kam während seiner Audienz beim Papst, die vom Ustaschavertreter Lobkowicz so beschrieben wurde: „Nach dem, was ich von verschiedenen Seiten gehört habe, und nach seinen eigenen Erklärungen hat der Erzbischof einen sehr positiven Bericht über Kroatien gegeben. Er hob hervor, daß er einige Dinge verschwiegen habe, mit denen er ganz und gar nicht einverstanden sei, um Kroatien in dem bestmöglichsten Licht erscheinen zu lassen." Lobkowicz betonte: „der Erzbischof" habe „bis zu einem gewissen Grad, auch die gegen die Juden – die die Hauptunterstützer und Täter dieser Verbrechen in unserem Land waren – angewandten Methoden gerechtfertigt und begründet."[40]

Wenn Stepinac das so gesagt hat, dann hat er damit indirekt die schrecklichen Ustaschaverbrecher unterstützt. Lobkowicz' Bericht scheint korrekt (obwohl es kein stenographisches Protokoll seines Gespräches ist), weil eine ähnliche Argumentation bereits in Stepinac' Brief vom 24. Mai 1943 enthalten ist. Das aber konnte Lobkowicz nicht erfunden haben, das heißt, ein paar Tage nach der Deportierung vieler kroatischer Juden traf Stepinac den Papst und lobte die Ustascharegierung. Sein Gespräch änderte nichts daran, daß die meisten Juden Kroatiens zu diesem Zeitpunkt bereits ermordet worden waren, doch sie werfen auf seine moralische Haltung ein bezeichnendes Licht. Erwähnte man die barbarischen Verbrechen der Pavelic-Anhänger, so argumentierten die klerikalen Kreise immer damit, daß Poglavnik ein frommer Katholik sei und seine Anhänger ihren religiösen Pflichten genau nachkämen. Der Vatikan und die kroatische Kirche wollten alles vermeiden, was dem Ustascha-Regime hätte schaden können. Die tief sitzende Feindschaft gegenüber den orthodoxen Serben, die angeblich die Katholiken im Vorkriegsjugoslawien schikanierten, verhinderten energischere Aktivitäten gegen die Zagreber Regierung. Die Judenvernichtung, deren Ausmaß ihnen bekannt war, verminderte nicht ihren traditionellen christlichen Antisemitismus. Das kommt in dem hier zitierten Stepinac-Brief über die jüdischen Ärzte und jüdischen Pornographie-Verbreiter klar zum Ausdruck.

Die von Stepinac geführte Kirche schwieg zu den von kroatischen Mönchen (insbesondere Franziskanern) und Priestern vollbrachten mörderischen Aktionen. Keiner wurde deswegen aus der Kirche ausgeschlossen oder diszipliniert. Trotzdem waren die kroatische Kirche und der Vatikan gegen die Ermordung der Juden. Sie unterstützten jedoch das Vorspiel dazu, die Entfernung der Juden vom ökonomischen, gesellschaftlichen und kulturellen Leben des kroatischen Staates. Den Mord hatten sie nie gutgeheißen. Hinter den Kulissen agierten Stepinac und Marcone energisch, um Morde zu verhindern. Sie verteidigten getaufte Juden und Partner, die in gemischten Ehen lebten. Eine Anzahl von Juden wurde tatsächlich dank ihrer Bemühungen gerettet und die Kirche half diesen Verfolgten auch materiell.

Allerdings wurden auch hohe katholische Würdenträger, wie

z.B. Bischof Saric (der „Henker der Serben") nicht gemaßregelt. Viele Ustaschaverbrecher wurden nach Kriegsende von der kroatischen Kirche versteckt und aus Jugoslawien herausgeschmuggelt. Diesen Verbrechern wurde von Würdenträgern des Vatikans und/oder vatikanischen Hilfsorganisationen geholfen, obwohl oder weil man von ihren Verbrechen wußte. Man beschaffte ihnen falsche Pässe und beförderte sie nach Spanien, Südamerika und in verschiedene arabische Länder. Das „Kroatische Komitee der päpstlichen Hilfe" unterstützte nach 1945 u.a. auch Ljubo Milos, der ein hoher Offizier im Konzentrationslager Jasenovac war. Milos zeichnete sich durch besondere Grausamkeit aus. Nach Ankunft eines jüdischen Transportes zog er den weißen Kittel eines Arztes an und ließ sich diejenigen vorführen, die sich krankgemeldet hatten. Er stellte sie an die Wand und schnitt mit einem Messer den Hals seiner Opfer durch, öffnete ihren Brustkasten und den Bauch und vollzog einen regelrechten Ritualmord. Milos überwachte auch andere Vernichtungsaktionen. Unter seiner Aufsicht wurden nackte Häftlinge lebendig in den Ofen einer an das KZ angegliederten Ziegelbrennerei geworfen, während andere Häftlinge mit Stöcken und Hämmern totgeschlagen wurden. Die Identität dieses „Monsters" war bekannt.[41]

Das „Kroatische Komitee der päpstlichen Hilfe" beschäftigte auch den Priester und Massenmörder Dragutin Kamber, der bereits 1936 der Ustascha beigetreten war und nach der Invasion der Achsenmächte Chef der Administration der Stadt Doboj wurde. Eine seiner ersten Handlungen war die Errichtung eines Konzentrationslagers, dessen Kommandant er auch war. In seinem Bezirk führte der Jesuit Kamber die Nazirassenbestimmungen ein und befahl den Juden gelbe, den Serben weiße Armbänder zu tragen. Später erklärte er, man müsse Serben und Juden als Schädlinge für den Ustaschastaat vernichten. In Doboj führte er Massenverhaftungen von Serben durch. Viele seiner Opfer wurden zum Verhör in Kambers Haus gebracht und auf seinen Befehl im Keller getötet. Die ersten Opfer waren serbische Lehrer und Priester. Diese Tatsachen wurden vom britischen Konsul in

Zagreb bestätigt, der auch herausfand, daß Kamber außerdem in der berüchtigten Leibgarde des Pavelic als Offizier diente.[42]

Die ambivalente Stellungnahme der Katholischen Kirche Kroatiens zum barbarischen Regime der Mörder des UKS „Unabhängigen Kroatischen Staat" (1941-1945) bestimmte die Haltung der Kirche zum Mord an den kroatischen Juden.

Wie in anderen Satellitenstaaten versuchte die Kirche, erfolglos, die konvertierten Juden zu schützen. Anderseits jedoch unterstützte sie das verbrecherische Ustascharegime, unbeeindruckt von der Verfolgung der Juden, dem Raub ihres Eigentums, der Abschaffung ihrer Rechte und am Ende von ihrer Verschickung in die Lager, wo sie ermordet wurden.

Erst als es klar wurde, daß die Achsenmächte den Krieg verlieren werden, haben die Führer der kroatischen Kirche ihre Stimmen gegen den Mord an Juden erhoben, doch es geschah nach der fast vollständigen Vernichtung des kroatischen Judentums.

Nicht nur das – die Kirche hat nicht einmal diejenigen aus ihren Reihen entfernt oder bestraft, die als Priester und Angehörige der Kirche teilgenommen hatten an der Hetze gegen die Juden und ihrer Ermordung.

Die katholische Kirche Kroatiens hat den Tätern,wo sie nur konnte geholfen, die Opfer aber hat sie – mit ganz wenigen löblichen Ausnahmen – schmählich im Stich gelassen. Diese Kirche hat sich auch nach dem Krieg nie für die Greuel entschuldigt, die Angehörige des katholischen Klerus begangen haben, sie hat es versäumt, sich selbstkritisch mit ihrer mehr als zwielichtigen Rolle im kroatischen Satellitenstaat in der Zeit zwischen 1941 und 1945 auseinanderzusetzen.

Anmerkungen

1 V. Novak, Magnum Crimen, Zagreb 1948; Tajni Dokumenti o odnosima Vatikana i Ustaske N.D.H., Zagreb 1952; S. Simic, Vatikan protiv Jugoslavije, Titograd 1958; Dokumenti o protunarodnom radu i Zlocinima jednog djela Katolickog klera, ed. J. Horvat und Z. Sambuk, Zagreb1946; I. Cvitkovic, Ko-

je bio Alozije Stepinac?, Sarajevo 1988. Hier werden auch zwei kontroverse und nicht immer zuverlässige Bücher erwähnt, die aber auch wichtige Tatsachen enthalten: E. Paris, Genocide in Satellite Croatia, Chicago 1961; und H. Lauriére, Assassins au Nom de Dieu, Paris 1951.

2 Actes et Documents du Saint-Siège Relatifs à la Seconde Guerre Mondiale, Blet et al, deds. vol. VIII-IX (Vatican: Libreria Editrice Vaticana, 1972, 1975); E. Cavalli, Il processo Dell'Archivescovo die Zagrabia, Vatican 1947; R. Pattee, The Case of Cardinal Aloysius Stepinac Milwaukee 1953

3 C. Falconi, the Silence of Pius XII, London 1970

4 A. Rhodes, The Vatican in the Age of the Dictators, London 1973) S 324-325; Harriet Pass Freidenreich, The Jews of Yugoslavia, Philadelphia 1979, S.105

5 Tajni Dokumenti, S 23-24 und 26,; Falconi, S 271; F. Culinovic, Okupatorska Podjela Jugoslavije, Beograd 1970, S 359-360

6 Ebd S 195; Falconi, S 270

7 Paris, S 65,97,100

8 Katolicki Tjednik, Sarajevo, 25. Mai 1941

9 Culinovic, S 360

10 Tajni Dokumenti, S 89-90

11 Novi List, 24. Juli 1941

12 E. Paris, Genocide in Satellite Croatia 1941-1945, 1963, S 98

13 Saint-Siège, Vol. VIII., S 261, n.1

14 Ebd.S 262-262

15 Tajni Dokumenti, S 39-40, Falconi, Das Schweigen des Papstes, S 397, 421, 401,425,426; Paris, Genocide in Satellite Croatia, S 167, Hory/ Broszat, Der kroatische Ustascha-Staat, S 55

16 Falconi, Das Schweigen des Papstes, S 374

17 Saint-Siége, Vol VIII. S 368-369

18 Cavalli, S 258

19 Falconi, S 314-315

20 Cavalli, S 56-57

21 Wiener Library, 207N2/109B (BBC Listening Service)

22 Saint-Siège, Vol.VIII, S 611 (Fotokopie des Originalbriefes).

23 Ebd. S 611-612, n.1.

24 Ebd. S 669

25 Ebd. S 675

26 Ebd. S 669

27 Ebd. S 710

29 Falconi, S 335; Tajni Dokumenti, S 62-63

30 Ebd. S 337-338, Ebd. S 66

31 Falconi, S 388

32 Ebd. S 348; (in der deutschsprachigen Ausgabe S 428)

33 Falconi, S 388

34 Cavalli, S 259-262

35 Saint-Siège, Vol IX, S 187-188

36 Ebd. S 218-219

37 Ebd. S 221-222, 287

38 Ebd. S 224-229, (34 Dokumente, die meisten davon bereits in Cavallis Buch publiziert); Tajni Dokumenti, S 127-128; Falconi, S 315-316

40 Rhodes, S 331-332

41 Ratlines, S 111,122,126

42 Ratlines, S 98-99, 106; Deschner, S. 233

Quellen

Menachem Shelah, University of Haifa: The Catholic Church in Croatia, the Vatican and the murder of the croatian Jews, Holocaust and Genocide Studies, vol 4, pp 323-339, 1989

Marc Aarons, John Luftus: Ratlines, How the Vatican's Nazi Networks Betrayed Western Intelligence to the Soviets, London 1991

Karlheinz Deschner: Die Politik der Päpste im 20. Jahrhundert, 1991

GABOR BERENYI

ANTISEMITISMUS IN UNGARN

Vermessung eines kulturellen Phänomens

Daß in den neuen Demokratien von Mittel- und Ost-Europa rassistische Gefühle, Fremdenhaß, Ausschreitungen gegen die nationalen Minderheiten an der Tagesordnung sind, bezweifelt wohl niemand, der regelmäßig die Tagespresse dieser Länder liest und den dortigen Ereignissen ein wenig Aufmerksamkeit widmet. An der Oberfläche scheinen diese Phänomene ebenso eine Äußerung des Pöbels zu sein, in dem von Hannah Arendt gegebenen Sinn des Wortes, wie die ersten Reaktionen des modernen Antisemitismus im 19. Jahrhundert: die Bewegung der Anti-Dreyfusards in Frankreich oder die eines Schönerer im Wien der Jahrhundertwende. Vom Standpunkt der Geschichtsphilosophie und der Gesellschaftstheorie hat – meiner Meinung nach – Hannah Arendt das bisher letzte Wort über den Ursprung dieses modernen Antisemitismus gesagt. In ihrem Werk über Antisemitismus („Ursprünge und Elemente totalitärer Herrschaft") hat sie als Hauptursache des modernen politischen Antisemitismus die Auflösung der „bürgerlichen Klassengesellschaft" genannt und im Zusammenhang damit die Entstehung einer Gesellschaft hervorgehoben, die sich in ihren wesentlichen Merkmalen als eine „Eliten- und Massengesellschaft" darstellt. Arendts These, die in ihrer gesellschaftsphilosophischen Dimension ihre Gültigkeit bewahrt hat – trotz der mehrfachen kontroversen Beurteilungen der konkreten Analysen der Autorin – zieht eine eindeutige Parallele zwischen Modernisierung und Antisemitisimus. Genauer gesagt sieht sie ein permanentes Neuentstehen antisemitischer Strömungen durch die Auswirkung von Modernisationstendenzen, vor allem bei solchen Gruppen und Individuen, die von

Auflösungsprozessen ökonomisch, sozial oder kulturell benachteiligt werden. Mit dieser Arendtschen Grundlegung wird skizzenhaft der Rahmen zu einer Interpretation des Phänomens des „kulturellen" Antisemitismus in der heutigen ungarischen Gesellschaft gegeben.

Bevor ich mich aber mit diesem – so scheint es mir – einzigartigen ungarischen Problemkomplex etwas näher befasse, möchte ich auf eine ganz frische Erhebung hinweisen. Unter dem Titel „Attitudes Towards Jews in Poland, Hungary and Czechoslovakia: A coparative Study" wurden im Januar 1991 die Einstellungen zur Judenfrage und Antisemitismus in einem repräsentativen Segment dieser drei Gesellschaften erforscht. Aus den Ergebnissen sei nur ein – für mich sehr merkwürdiger und weiteren Interpretationen bedürftiger –, auf den ersten Blick schwer begreiflicher Gegensatz erwähnt. Die erste Fragengruppe dieser Erhebung will die Dispositionen der befragten Bevölkerungsgruppen zu Juden im allgemeinen und ihrer Rolle in Politik, Wirtschaft und den Medien erkundigen. Auf die erste Frage – „Bedeuten die genannten Gruppen seit dem Systemwandel eine Gefahr für die politische Entwicklung Ihres Landes?" – antworten nur 5 Prozent der Befragten, daß die Juden eine solche Gefahr bedeuten. Und dieselbe Tendenz manifestiert sich bei einer anderen Frage – „Wer hat den größten Einfluß auf die Regierung Ihres Landes – gewählte Politiker, ehemalige Kommunisten, reiche Geschäftsleute, Ausländer, die Intelligenz, die Medien, die Juden oder die öffentliche Meinung?" Hier nannte nur 1 Prozent der Befragten die Juden. Etwa dieselben Resultate bekommt man in Hinsicht der Dispositionen der befragten Bevölkerungsgruppe. Zum Beispiel: „Meinen Sie, daß die hiergenannten Gruppen einen zu großen/zu kleinen oder ganz rechtmäßigen Einfluß in Ihrer Gesellschaft haben?" – 17 Prozent erwähnten, daß die Juden einen zu großen Einfluß haben, dagegen sind es 64 Prozent, die mit „zu wenig Einfluß" oder mit „ganz rechtmäßigen Einfluß" reagierten. Und eine sehr wichtige und vielsagende Frage: „Ich lese Ihnen zwei Erklärungen vor. Bitte, sagen Sie mir, welche von beiden kommt Ihrer Meinung näher: Die Juden sind ein integraler Teil unserer Nation, oder die Juden sind Fremde in der Gesellschaft unseres Landes." Hier haben nur 10 Prozent die Meinung, daß Juden Fremde seien, und eine überwältigende Mehrheit betrachtet sie als ohne weiteres zur nationalen Gesellschaft gehörig.

Alle diese Fragen, die sich über die Beurteilung der aktuellen Lage und Einfluß der jüdischen Individuen und Gruppen erkundigen, ergeben annähernd dasselbe Resultat: die Beurteilung ist realistisch, sozusagen „nüchtern". Und jetzt kommt eine interessante Wende: Es gibt eine Gruppe von Fragen, die sich direkt auf Antisemitismus beziehen. Zwei konkrete Fragen sind wichtig in dieser Hinsicht. Die erste: „Meinen sie, daß der Antisemitismus in Ihrem Land ein sehr ernstes Problem darstellt oder ist er überhaupt kein Problem?"

Mehr als die Hälfte der Befragten (insgesamt 51 Prozent) bezeichneten den Antisemitismus als Problem (die Mehrzahl – 44 Prozent – sieht ihn als Problem, 7 Prozent dagegen als ein sehr ernstes Problem). Und auf die damit zusammenhängende Frage – „Meinen Sie, daß in den kommenden Jahren der Antisemitismus in Ihrem Land erheblich größer/ auf dem selben Niveau bleiben/ etwas geringer/ sehr viel geringer wird?" – entschied sich etwa ein Viertel der Befragten für die „Vergrößerungs-These" – das heißt, sie meinen oder befürchten, daß antisemitische Äußerungen oder Aktionen in der Zukunft eine größere Bedeutung haben werden als heute.

Zwischen diesen zwei Reaktionsgruppen besteht offensichtlich ein spürbarer Gegensatz. Sozialpsychologisch hießt das, daß das Bewußtsein eines erheblichen Teils der Befragten von Befürchtungen hinsichtlich eines kommenden Bedeutungszuwachs antisemitischer Äußerungen und Aktionen dominiert wird.

Wie läßt sich dieser Gegensatz erklären? Meiner Meinung nach nicht zuletzt durch eine Eigenart der antisemitischen Strömungen nach dem Systemwandel in Ungarn, die ich – nach Tamás Ungvári – als „kulturellen" Antisemitismus bezeichnen würde.

Um dieses Konzept etwas näher zu bestimmen, möchte ich kurzerhand seine Vorgeschichte schildern.

Diese Auffassung – den kulturellen Antisemitismus – kann man als Kind des Friedensschlusses von Trianon nach dem Ersten Weltkrieg betrachten. Sozialpsychologisch bedeutete die ganze Periode der Nachkriegsgeschichte einen endlosen Prozeß der Selbstdefinierungsversuche der betreffenden Völker in Mittel- und Ost-Europa: Von der Verstümmelung des ehemaligen Staatskörpers sind die neuen Staatsgemeinschaften in eine virtuelle spirituelle Gemeinschaft geflogen, umso eher, als ein Großteil ihrer Bevölkerung nunmehr Bürger anderer Staaten geworden ist. Der Erste Weltkrieg wurde von einer eigenartigen Spiritualisation der Vaterlandsliebe gefolgt, und auf dieser Basis – und mit der Beförderung des aktuellen politischen Kurses – beginnt eine neue Renaissance des mystischen Nationalismus, der Sündenbock-Theorie und nicht zuletzt jeder Sorte von Rassentheorien. Unter Rassentheorien verstehe ich nicht nur die radikale (z.B. nationalsozialistische) Variante, sondern alle historisch gewachsenen Varianten. Ausgehend von den Gedanken eines Houston Chamberlain bis zu Richard Wagner, die in den anthropologischen Wissenschaften auftretenden Richtungen, von der Phrenologie bis zur Schicksalslehre von Leo Frobenius und zur Soziologie eines Werner Sombart.

Der Antisemitismus scheint nur eine „latente Folgerung", eine „Implikation" dieser Theorien zu sein: wie jede Volksgemeinschaft, so wurde auch das Judentum in diesen Rassentheorien ausschließlich als Rasse definiert. Hinzu kommt noch ein notwendiger Bestandteil jeder Rassentheorie: nämlich ihr hierarchischer Aufbau – jede dieser Theorien kennt notwendigerweise gute und auch schlechte Rassen.

So ist es leicht, die Wirkung von Rassentheorien in anscheinend „unschuldigen" Gebilden zu zeigen. Nehmen Sie zum Beispiel den Begriff „Kulturnation". Die Vorstellung von „Kulturnation" ist gut geeignet, um sich die ehemalige territoriale Vormacht der

Ungarn über die eigene Nationalität in einer sublimierten Form wieder zu vergegenwärtigen: So soll bewiesen werden, daß das, was Armeen verloren haben, im Prinzip mit Hilfe des Geistes zurückerobert werden kann. Variante eins wurde von Kuno Klebelsberg – dem berühmten Kultusminister zwischen den zwei Weltkriegen – vertreten, der den europäischen Siegermächten die kulturelle Überlegenheit der Magyaren zu beweisen versuchte, die zweite – und berühmter gewordene Variante – wurde von László Németh vertreten.

Der Standpunkt von Németh ist auch deshalb sehr charakteristisch, weil er in seinen Essays, die weite Kreise beeinflussen, den systematischsten Versuch gemacht hat, den sogenannte „demokratische Assimilationspakt" zu kündigen. Es handelt sich um den Prozess der Assimilation, der mit dem Modernisationsprozeß nach 1867 begann. Die wirtschaftliche und zum Teil politische Emanzipation des Ghettojudentums vollzog sich in solchem Ausmaß, daß auch ein solch scharfer Geist wie der große Dichter Endre Ady in maßlos optimistische Äußerungen ausbrach. In einem Zeitungsartikel von 1908 vertrag er die Meinung, daß das Judentum eine nicht zu überschätzende Rolle in der Modernisierung und Verbürgerlichung des bisher „in asiatische Schwärmerei gesunkenen" Ungarentums spielt. Die einströmenden neuen Gruppen wirken wie eine Blutübertragung: die Assimilierten üben eine günstige Wirkung auf die Stammgruppe aus.

Nach Trianon wurde dieser Gedankengang vom Fuß auf den Kopf gestellt. So soll der Standpunkt von László Németh nun skizzenhaft und in seinem Kern beschrieben werden: Er sieht – im Gegensatz zu Ady und den „Assimilationsoptimisten" – eine ernste Gefahr im Zusammenschmelzen beider „Rassen". Er spricht vom Freiheitskampf der Ungarn gegen fremde Bestrebungen und will diesen Kulturkampf auf eine rassistische Basis stellen: „Die ungarische Kunst – schreibt er – kann nur auf der Grundlage des ungarischen Rassencharakters blühen." Was soll nun dieser „ungarische Rassencharakter" bedeuten? Auf diese Frage hat er keine Antwort: für Nemeth ist die Rasse eine sozusagen axiomatische Inspiration der Kunst, sie ist Trägerin der tiefsten Eigentümlichkeiten der Nation. Diesem axiomatischen Gedankengang zufolge kann er nur negative Definitionen geben, die bestimmen, was nicht rassenspezifisch und ungarisch ist. Diese Unaussprechlichkeit der rassenspezifischen Eigentümlichkeiten gibt Anlaß zu einer ganzen Reihe von Folgerungen, die auch der prophetische Németh nicht auf sich nehmen wollte. Um zu zeigen, daß er nicht hinter den Folgerungen seines eigenen Gedankenganges stand, zitiere ich einige Zeilen aus einer Abhandlung aus dem Jahre 1927: „Diese Zeilen haben nichts mit Antisemitismus zu tun. Auf dem Gebiet der ‚verstümmelten Heimat' (die ehemalige Bezeichnung von Ungarn nach den Pariser Verträgen, Anm. d. Verfasser) leben acht Millionen Menschen zusammen. Diese wurden vom Schicksal hierhergetrieben... der Staat soll Sorge tragen, daß sie über die Rassen- und Bekenntnisgegensätze in eine gut funktionierende Einheit zusammenschmelzen. Jede Gruppe soll ihre eigene Stelle einnehmen können, und unter der Hegemonie der stärksten Gruppe (das könnte nur das ungarische Bauerntum bzw. die Mittelschicht sein) ihr Glück finden können."

Zum Thema Kunst sagt Nemeth folgendes: „Die Kunst ist etwas ganz anderes! Die Kunst ist die Offenbarung der Rasse. Der Künstler schreibt seine Rassenlehre. Die Rasse ist das gemeinsame Geheimnis verschiedener Charaktere... die Kunst kann nicht staatlich sein, d.h. sie kann nicht als eine Äußerung der Völker gelten, die gemeinsam in einem Staat leben. Die Kunst ist völkisch. Die ungarische Kunst ist gleichzusetzen mit dem ungarischen Volk."

Ignotus, ein bedeutender liberaler Kritiker und Redakteur, wollte die Freiheit der Kunst verteidigen und jüdische Literatur in ungarischer Sprache schreiben. Ob dieser Ansatz in einem Land, in dem – in den zwanziger Jahren – Juden einfach für ihre Judentum geprügelt werden konnten, Antisemitismus bedeutet oder nicht, oder ob der Protest von Baron Hatvany, dem berühmten jüdisch-ungarische Schriftsteller und Mäzen, der meinte, Németh wolle das Judentum in ein intellektuelles Ghetto verfrachten, rechtmäßig sei oder nicht – das ist eine Frage, die noch nie grundlegend geklärt worden ist.

Es gibt eine ganze Menge Erklärungen über die Antiquiertheit des Antisemitismus in Ungarn. Die offizielle Öffentlichkeit ist deklarativ pro-jüdisch: eine ganze Reihe von kirchlichen Erklärungen sprechen von einem christlich-jüdischen Dialog, von den veralteten antijudaistischen Dogmen der katholischen Kirche. In einem offiziellen feierlichen Akt wurde das Budapester Holocaust-Denkmal eingeweiht. Auf der offiziellen und halb-offiziellen Ebene scheint also alles in Ordnung zu sein. Es gibt zwar antisemitische Ausschreitungen, die sind aber eher marginale Phänomene. Sie sind eher Äußerungen des Fehlens einer politischen Kultur, als wirklich ernstzunehmende Massenerscheinungen. Wenn man in Gasthäusern antisemitische Äußerungen hört, so bedeutet dies keine Gefahr. Wer in Gasthäusern über Juden schimpft, weiß meistens nicht mehr, wer die Juden sind und warum man sie hassen sollte. Es lohnt sich nicht, den alltäglichen Antisemitismus zu bekämpfen und außerdem ist es auch gar nicht möglich. Wenn es wahr ist, daß man zum Antisemitismus keine Juden braucht, dann ist es auch wahr, daß man kein Antisemit sein muß, auch wenn man jüdische Witze erzählt. Neben diesem, nicht zu verleugnendem Antisemitismus gibt es aber auch eine andere Version, die tief in den nationalen Identitätskrisen nach dem Systemwandel verankert ist, und deswegen mir sehr vielsagend und spezifisch erscheint.

In der heutigen ungarischen Gesellschaft ist – um mit dem Soziologen Sándor Révész zu sprechen – „ein großartiger wiederbeschmutzter diskursiver Raum" entstanden, der sich besonders für das Auftreten von latenten antisemitischen Erscheinungen sehr günstig erweist. Dieser kodierte oder latente Antisemitismus hängt auch mit den Versuchen zur neuen Selbstdefinition der an die Macht gelangten politischen und sozialen Gruppen zusammen. Die Identitätssuche der betreffenden Schichten kristallisiert sich um zwei Schlagwörter: christlich und national. Die Ausgrenzungsgefahr kommt in erster Linie von dem Konzept der nationalen Selbstdefinition. Um den Inhalt des Begriffs „national" zu erläutern, muß zuerst dessen Gegenteil – d.h., was nicht zum „Nationalen" zählt – geklärt werden. Dies ist eine der größten Konfliktzonen zwischen der regierenden und der liberalen Opposition. Im offiziellen Sinn des Wortes ist „national" mit einem ethnischen Bewußtsein gleichbedeutend, das seinen Inhalt ausschließlich in der Ausgrenzung erhält. Das Ziel der regierenden Partei ist ein Nationalstaat, der seine inneren wie äußeren Angelegenheiten nach einem ethnischen Bewußtsein gestaltet. Die einzige positive Bestimmung aber, die mit diesem ethnischen Bewußtsein zusammengewoben werden kann, ist eine Art von kultureller Identität: gemeinsame Geschichte, gemeinsames Schicksal, gemeinsame Erlebniswelt und Sprache. Wenn es dabei geblieben wäre, macht das alles nur eine neue Version von mythischem Romantismus aus. Aber zusammen mit der Relevanz eines ethnischen Bewußtseins, das es nunmehr zu verteidigen gilt – das ungarische Ethnikum bedarf ebensoviel Verteidigung wie jedes andere, sagt ein Vertreter dieser Auffassung –, dann gibt es ein kohärentes Weltbild, dessen Hauptthesen die folgenden sind: Das Ende der Krise nach dem Systemwandel bedeutet auch das Ende jeglicher „kosmopolitischer" und liberaler Herrschaft in diesem Land. Ungarn wird endlich den Ungarn gehören, die Grenzen dürfen nicht für Fremde geöffnet werden, weil damit wieder die ungarische Volksessenz gefährdet wäre.

Und diesen Gedankengang kann man – sozusagen per implicationem – beliebig verlängern. Wer sich z.B. gegen die Neu-Einsiedler empört, dem sind auch Juden verdächtig, dem ist jeder ein Fremder, der nicht zu einer vorgestellten „Stammesgemeinschaft" gehört. Fremdsein bedeutet – unausgesprochen, aber mit Hilfe der archaischen Reflexe – Jude zu sein. Das ist eine spezielle Art von Antisemitismus, die etwa in der folgenden Weise funktioniert: anstelle der möglichen Schlußfolgerungen im obigen Gedankengang haben wir eine Leerstelle. Diese Leerstelle aber hat eine gewisse Saugkraft, damit sie alles einsaugen kann, das im historischen Bewußtsein enthalten ist. Somit ist das Objekt der Feststellung schon in die Feststellung selbst eingebaut ohne es ausdrücklich zu benennen.

Diese Problemkomplexe können sehr gut mit der sogenannten Csoóri-Debatte veranschaulicht werden (Sándor Csoóri, bedeutender ungarischer Dichter und Chefideologe des populistischen Flügels des regierenden Ungarischen Demokratischen Forums). In einem Tagebuchausschnitt machte Csoóri wieder das Problem der Assimilation der Juden zum Thema. Seiner Meinung nach können Ungarntum und Judentum nicht miteinander verschmelzen. Er schreibt, daß nach der Periode der erfolgreichen Assimilation die zunehmende Dissimilation folgte, angefangen mit der ungarischen Räterepublik von 1919, deren jüdische Teilnemer und Führer die Solidarität mit dem ungarischen Nationalkörper aufkündigten. Somit wird die Reaktion des Horthy-Regimes in der Nachkriegs-Periode verständlich, daß das Judentum wegen seiner Teilnahme an der kommunistischen Machtergreifung bestraft hat. Das führte – logischerweise in dieser Konstruktion – zur angeblichen „jüdischen Rache", die „einen endgültigen Sieg der Dissimilationstendenzen" bedeutete und damit die gegenseitige Fremdheit zwischen Magyaren und Juden verursachte. Der schon erwähnte László Németh sprach in der berühmt gewordenen Konferenz von Szárszó (1943) über die nach den Nürnberger Gesetzen geschaffene diskriminierende ungarische Gesetzgebung. Er verwirft diese Regelungen aber nicht wegen ihres antidemokratischen und diskriminierenden Charakters, sondern weil viele Menschen, die keine Solidarität mit den Juden üben, nunmehr als Juden gelten. „Es ist ganz natürlich, daß das kritiklose, rachsüchtige Judentum in diesen vier bis fünf Jahren notwendigerweise anwachsen mußte... und schlechte Ohren hat der, der nicht hört, daß Shylock eben das Herz verlangt."

Die Entstehung des Mythos vom rachesüchtigen Judentum ist aus der politischen Entwicklung der letzten Jahre zu erklären. Die nach dem Systemwandel zur Macht gelangte intellektuelle Elite suchte fast verzweifelt ihre Wurzeln in einer nur sporadisch existierenden „christlichen Mittelschicht". Indem sie ein nie dagewesenes systematisches Bündnis zwischen Kommunismus und Judentum voraussetze, möchte sie diesselbe „christliche und nationale" Mittelschicht von aller Verantwortung und Mitschuld freisprechen, die als Eckpfeiler ihres Zukunftsbildes dient.

Literatur

Arendt, Hannah: Antisemitism (Part One of the Origins of Totalitarianism, New York 1968

Attitudes Toward Jews in Poland, Hungary and Czechoslovakia. A Comparativ Survey. Conducted for the American Jewish Commitee and Freedom House, January 1991 by Penn and Schoen Associates in Cooperation with Demoskop - Research Agency (Poland), Median Inc. /Hungary), Association for Independent Social Analysis (Czechoslovakia)

Bibó, István: Levél Borbándi Gyulához, in Válogatott tanulmányok, III., Budapest 1986.

Csoóri, Sándor in Hitel, 5. September, 1990

V. Domokos, György: Kisebbség és zsarnokság, in: Népszabadság, 29 April, 1990

Lengyel, András: Németh László Shylock-metafórája (Egy metafóra értelme és eszmetörténeti szerepe), in Valóság, 1991/8, 56 -74.

Németh, László: Szárszó. Az 1943. évi beletonszárszói Magyar élet tábor elödadás-és megbeszéléssorozata. Budapest, 1943 -Révész, Sándor: A szánk ismét nyitva van, in Mozqó világ, 1991/2.

Ungvári, Tamás: A Parvenü és a pária. A kulturális antiszemitizmus arcai, in világosság, 1991/7-8, 492-508.

SHMUEL KRAKOWSKI

NEUE MÖGLICHKEITEN DER FORSCHUNG

Die Holocaust-Forschung und die Archive in Osteuropa

Durch die Politik von „Glasnost" in der Sowjetunion und den Sturz der kommunistischen Regime in Osteuropa wurde der Zugang zu vielen Archiven ermöglicht, die zuvor für die Geschichtsforschung geschlossen waren. Die Historiker haben nun neue Möglichkeiten der Forschung über unser beschwerliches 20. Jahrhundert. Es muß festgestellt werden, daß trotz der Beteiligung vieler Historiker an der Holocaust-Forschung und Hunderter Bücher, die bis jetzt erschienen sind, noch immer sehr viel unbekannt geblieben ist.

Es gibt noch immer sehr wenige Arbeiten über den Holocaust in den von den Nazis besetzten Gebieten der Ostukraine, Ostweißrußlands und in den besetzten Teilen der Russischen Republik. Die Ereignisse in Dutzenden von Ghettos und Dutzenden von Lagern in diesen Gebieten sind bis heute weitgehend unbekannt. Die Beteiligung vieler Deutscher, militärischer und polizeilicher Trabantenformationen wie auch ziviler Institutionen an antijüdischen Aktionen war nicht bekannt. Ebenso unbekannt war die Beteiligung vieler Einheiten von Kollaborateuren an den Mordaktionen gegen die jüdische Bevölkerung. Unbekannt waren die Leiden vieler Gruppen von Überlebenden und die Schwierigkeiten, auf die sie während der ersten Zeit nach der Befreiung gestoßen sind. Wenig war auch bekannt vom Verhalten jener in den besetzten Gebieten, die keine Deutschen oder sogar Nazi-Gegner, aber doch Antisemiten waren.

Die unlängst geöffneten Archive, vor allem die in der Sowjetunion, aber auch die in der Tschechoslowakei, in Ungarn und Jugoslawien, ermöglichen eine intensive Erforschung all dieser, noch nicht oder nur am Rande behandelten Bereiche des Holocaust. In Polen wurde mit der Politik, einen relativ leichten Zugang zu den Archiven zu ermöglichen, bereits vor 10 Jahren begonnen. In der vormaligen Deutschen Demokratischen Republik war es erst seit Herbst 1988 möglich, Zugang zu den Holocaust-Akten zu bekommen.

In den Archiven der meisten osteuropäischen Länder gibt es noch immer keine geeigneten Verzeichnisse oder Handbücher zu dem Material, das sich mit dem Holocaust befaßt, nicht einmal zu dem über die wesentlichen Ereignisse des Zweiten Weltkriegs. Immerhin wurde während der letzten beiden Jahre einiges bekannt. Mehrere Arbeitsgruppen wurden vom Yad Vashem Archiv in die Sowjetunion, die Tschechoslowakei, nach Jugoslawien, Polen, Ungarn und in die vormalige Deutsche Demokratische Republik gesandt.

Die dabei erhaltenen Kopien, Xerox- und Mikrofilme sind zu einem Berg von einigen Hunderttausend Seiten angewachsen. Auch vom Archiv des United States Holocaust Memorial Museum wurde in den Archiven dieser Länder intensive Arbeit geleistet. Unsere beiden Institute arbeiten eng miteinander zusammen.

Ich will hier kurz die Situation beschreiben, wie sie sich heute darstellt. Klarerweise sind die wichtigsten Bestände in den sowjetischen Archiven. Diese Dokumente werden in vielen Archiven, in zentralen, in denen der Republiken und in Stadtarchiven aufbewahrt. Das Material ist von unterschiedlicher Herkunft und kann folgendermaßen eingeteilt werden:

1. Material sowjetischer Herkunft: Die wichtigsten Akten sind die der außerordentlichen sowjetischen Kommission zur Untersuchung der deutsch-faschistischen Verbrechen in den zeitweise besetzten Gebieten (im folgenden SEC genannt). Wichtig sind

auch die Akten der Verfahren gegen deutsch-nazistische Kriegsverbrecher und örtliche Kollaborateure. Viele von diesen hielten Schlüsselpositionen bei den Mordaktionen gegen die jüdische Bevölkerung, wie zum Beispiel Franz Murer, der stellvertretende Gebietskommissar in Wilna, der in Abwesenheit verurteilt wurde.

Des weiteren seien noch die Akten der sowjetischen Partisanenbewegung erwähnt. Schließlich gibt es noch Dokumente von Zeugenaussagen nach dem Krieg, die im Institut für Geschichte aufbewahrt werden.

2. Material deutscher Herkunft: Hier müssen wir zwischen drei Hauptgruppen unterscheiden:

a) Akten der örtlichen deutschen Verwaltungsbehörden, die von den abziehenden Deutschen nicht mitgenommen oder zerstört worden waren und die in Hunderten von befreiten Städten und Dörfern der Sowjetunion zurückgeblieben sind. Diese Dokumente werden hauptsächlich in den verschiedenen Stadtarchiven aufbewahrt. Die allerwichtigsten Bestände sind in den Archiven von Kiew, Charkow, Lemberg und Minsk. Dann gibt es noch Unterlagen von besonderer Bedeutung, die in Dutzenden anderen regionalen Archiven und Stadtarchiven aufbewahrt werden.

b) Deutsche Militärdokumente von den in den Schlachten aufgeriebenen Armeen, Divisionen und Regimentern. Diese Akten werden im sowjetischen Militärarchiv aufbewahrt.

c) Dokumente, die der Roten Armee in den besetzten Gebieten Ostdeutschlands und Ostösterreichs in die Hände gefallen sind. Darunter sind Dokumente von verschiedenen deutschen zentralen und örtlichen Behörden, von Organisationen der Nazi-Partei und auch Akten von verschiedenen Konzentrationslagern. Dieses Material ist ohne Zweifel von größter Bedeutung. Dies sind die größten Bestände an deutschen Nazi-Dokumenten, von der Bedeutung her nahe denen der mikroverfilmten erbeuteten deutschen Dokumente im Nationalarchiv der Vereinigten Staaten, wenn sie nicht gleich bedeutend sind. Diese Dokumente beinhalten auch die separaten Spezialarchive (bis vor kurzem „Osobi" genannt), deren Existenz bis Herbst 1989 geheimgehalten worden war. Es ist dies eine Serie von Artikeln, die die Politik der geschlossenen Archive kritisierten und die von Maximowa in der sowjetischen Tageszeitung „Iswestija" veröffentlicht wurden. Der erste dieser Artikel ist datiert vom 23. September 1989.

3. Material rumänischer Herkunft: Diese Bestände, die im Archiv von Odessa aufbewahrt werden, beschäftigen sich mit den rumänischen Besatzungsbehörden in der Region Odessa und im damals so genannten Transnistrien.

4. Sammlungen von Zeitungen und Magazinen, die von den deutschen Besatzungsbehörden herausgegeben oder unterstützt worden waren und auch solche der örtlichen Kollaborateure. Der Großteil davon ist in ukrainischer Sprache.

5. Von besonderer und äußerst großer Bedeutung sind die Akten des Archivs des Jüdischen Antifaschistischen Komitees. Dieses Archiv beinhaltet 27 Bände mit Berichten, Tagebüchern, Zeugenaussagen und Briefen über das Leiden der Juden unter der deutschen Besatzung in sehr vielen Gebieten der Sowjetunion und auch Informationen über Juden in der Roten Armee und in Partisaneneinheiten.

In den Archiven der seit kurzem unabhängigen baltischen Staaten sind die sehr großen Bestände in den Archiven von Wilna und Riga von ganz besonderer Bedeutung. Diese können in folgende drei Hauptgruppen eingeteilt werden:

1. Deutsch-nazistische Quellen, wie die Akten des Reichsministeriums für die besetzten Ostgebiete, Wehrmachtsbefehlshabers Ostland, Reichskommissars Ostland, Generalkommissars Riga, Stadtverwaltung Wilna und anderer deutscher Behörden;

2. Akten der örtlichen Kollaborateure, hauptsächlich der litauischen und lettischen Polizei;

3. Akten des Wilnaer Ghettos, welche Akten des Judenrates beinhalten. In Kaunas befinden sich wichtige Akten des Kaunaer Ghettos.

In den erst kürzlich geöffneten tschechoslowakischen Archiven sind die Akten im Militärhistorischen Archiv (im folgenden MHA genannt) in Prag am wichtigsten. Von besonderer Bedeutung sind hier die umfangreichen Akten der SS. Die bedeutendsten Aufzeichnungsgruppen sind folgende: Befehlshaber der Waffen SS Böhmen und Mähren; SS Rasseamt; Höhere SS und Polizeiführer Rußland Süd. Insgesamt sind in diesem Archiv etwa 30 Aufzeichnungsgruppen mit wichtigen SS-Akten.

Im tschechoslowakischen Staatsarchiv sind des weiteren die Akten des Büros des Reichsprotektors für Böhmen und Mähren von großer Bedeutung. In Bratislawa (Preßburg) sind äußerst wichtige Akten über die Deportation der slowakischen Juden.

Im ungarischen Archiv gibt es eine Unzahl von noch nicht aufgearbeiteten Akten über die Deportation nach Auschwitz, mit einer Liste der deportierten Juden und der Juden in den Zwangsarbeitsbataillons der ungarischen Armee.

In Jugoslawien sind die wichtigsten Akten die des Innenministeriums. Diese beinhalten Akten der Ustascha, Akten von den Verfahren gegen Kriegsverbrecher und auch Personalakten von Tausenden jüdischen Opfern.

Es ist noch zu früh, um einschätzen zu können, welches genaue Ausmaß an Wissen über den Holocaust wir aus den Dokumenten in den nun geöffneten Archiven gewinnen können. Wir können auch noch nicht wissen, in welchem Ausmaß die Historiker ihre bisherigen Arbeiten über den Holocaust nach dem Studium der nun zugänglichen Dokumente korrigieren müssen. Jedenfalls können wir auf einige Punkte hinweisen, noch bevor wir das umfangreiche, nun zur Verfügung stehende Material studiert haben.

Erstens: Es gibt eine Unmenge von Dokumenten, die ein zusätzliches Licht auf die allgemeine Politik des dritten Reichs werfen. Ich will mich hier nur auf zwei Beispiele beschränken.

In den Akten der Höheren SS und des Polizei Führers Rußland Süd, die im Militärhistorischen Archiv in Prag aufbewahrt werden, finden wir den Befehl des Obersten des Oberkommandos der

Wehrmacht, Generalfeldmarschall Wilhelm Keitel vom 16. Dezember 1942 über die sogenannte Bandenbekämpfung. Darin heißt es unter anderem:

„Die Truppe ist daher berechtigt und verpflichtet, in diesem Kampf ohne Einschränkung auch gegen Frauen und Kinder jedes Mittel anzuwenden, wenn es nur zum Erfolg führt..."

und weiter:

„...Kein in der Bandenbekämpfung eingesetzter Deutscher darf wegen seines Verhaltens im Kampf gegen die Banden und ihre Mitläufer disziplinarisch oder kriegsgerichtlich zur Rechenschaft gezogen werden".[1]

In den Akten des Kommando-Stabs Reichsführer SS, die im selben Archiv aufbewahrt werden, lesen wir in einem Dokument mit dem Titel „Tätigkeitsbericht Nr. 7 für die Woche von 20. – 27. Juli 1941":

„Gegen die Vielzahl der Juden in den baltischen Gebieten üben Litauer wie Letten Selbstjustiz. Ihre Maßnahmen werden von dort eingesetzten Dienststellen der Wehrmacht und Sicherheitspolizei geduldet. Ob durch die Vielzahl der Erschießungen männlicher Juden allein das jüdische Problem einer grundsächlichen Lösung zugeführt werden kann, wird bei den Beteiligten bezweifelt."[2]

Zweitens: Eine große Anzahl von Dokumenten beschäftigt sich mit der direkten und sehr starken Beteiligung der deutsch-nazistischen Zivilverwaltung in den besetzten Gebieten an der Ausführung der Politik, die jüdische Bevölkerung auszurotten. Wie bekannt, war es die Politik der Nazis nach der Wannsee Konferenz, eine gewisse Anzahl von jüdischen Opfern zu selektieren, um sie zu Zwangsarbeiten einzusetzen. Diese Männer und Frauen entrannen für eine gewisse Zeit dem Tod in den Gaskammern, um gemäß den Notwendigkeiten der deutschen Kriegswirtschaft eingesetzt zu werden. Sie wurden erst nach einiger Zeit ihm Rahmen der Politik der „Vernichtung durch Arbeit" ermordet. Ein erst kürzlich vom sowjetischen regionalen Staatsarchiv in Lemberg erhaltenes Dokument gibt Aufschluß über die Initiative eines hohen zivilen Beamten im Distrikt Galizien, Amtschef Dr.

Otto Bauer, der Leiter der Abteilung Innere Verwaltung im Distrikt Galizien war. Hier ist das Dokument in voller Länge:

„Lemberg, den 16. April 1942

Vermerk für Amt für Wirtschaft!

GEHEIM

Ich beabsichtige bis Ende 1943 sämtliche Juden aus Lemberg-Land auszusiedeln. Bis zu dem genannten Termin will ich auch keine in Lagern zusammengefaßten Handwerker mehr dulden. Ich bitte daher schon jetzt, für den arischen Nachwuchs der jüdischen Handwerker und Facharbeiter besorgt zu sein. Ich bemerke dazu, daß nach einer mir gegebenen Information in Kulikow 300 arische Schuster vorhanden sein sollen. Diese wären eventuell über das Gebiet der Kreishauptmannschaft zu verteilen. Ich bitte, mich über das Veranlaßte auf dem laufenden zu halten.

Bauer"[3]

Drittens: Es gibt eine Unzahl von Dokumenten über die Beteiligung von bisher unbekannten Militär- und Polizeieinheiten an Massenmorden. Ich will mich hier wieder nur auf ein Beispiel beschränken.

Im sogenannten Tätigkeitsbericht der Waffen-SS Einheit Außenstelle Wilejka, vom 27. Mai 1942, erstellt vom SS-Unterscharführer Lipps in Wilejka lesen wir:

„Die Tätigkeit der Gruppe der Waffen-SS erstreckt sich immer noch auf Aktionen gegen Partisanen und Juden... Am 26. April wurden wir auf die Fuchsfarm Ludwinowo gerufen. Der auf der Farm tätige Sonderführer Graf war von den Partisanen ermordet worden. Die Holzbrücke über den Serwecz in der Nähe von Ludwinowo war abgebrannt. Von den Partisanen fanden wir nichts mehr. Mit Panjewagen fuhren wir tags darauf weiter über Dolhinow nach Krzywice. Hier führten wir am 28.4. eine Judenaktion durch. Am 29. und 30.4. führten wir dann in Dolhinow unsere zweite Judenaktion durch. Bei unserer ersten Judenaktion in Dolhinow war es uns nur gelungen, einen Teil der Juden zu erfassen. Unterdessen hatte man in Dolhinow ein Ghetto eingerichtet. Die Aktion in Dolhinow war insoferne bemerkenswert, als sich die Juden hier regelrechte Bunker als Versteckte ausgebaut hatten. Zwei Tage mußten wir suchen und ausräumen... z.T. unter Zuhilfsnahme von Handgranaten. Es gab Verstecke, die unter der Erde dreistöckig angelegt waren... Am 10.5. führten wir dann die Judenaktion in Wolozyn durch. Hier waren die Juden nicht so eingerichtet wie in Dolhinow... In der Nacht vom 20. und 21.5. waren wir wieder in Dolhinow... Am Morgen führten wir dann unsere dritte Aktion gegen die Juden in Dolhinow durch. Damit war die Judenfrage in dieser Stadt endgültig gelöst..."[4]

Viertens: Eine sehr große Anzahl von Dokumenten beschäftigt sich mit dem, was man Morde im kleinen Maßstab nennen könnte. Als Beispiel zitiere ich hier aus den Dokumenten des III. Polizeiregiments Mitte, die auch im Militärhistorischen Archiv in Prag aufbewahrt werden:

„Bericht vom 16.2. bis 28.2.1942
In Rahmen der Bewachungsaufgaben wurden erschossen:

Juden wegen Verbreitung beunruhigender Gerüchte;
Jüdinnen wegen Nichttragens des Davidsterns und unerlaubter Entfernung aus dem Ghetto Smolensk...

Bericht für die Zeit von 1.3.-15.3.1942
In Rahmen der Sicherungsaufgaben wurden 4 Jüdinnen wegen Nichttragens des Davidsterns und unerlaubter Entfernung aus dem Ghetto Smolensk erschossen...

Bericht für die Zeit von 1.4.-15.4.1942
...Der größte Teil der Bevölkerung arbeitet nur für uns, wenn sie

hierzu gezwungen wird. Der Russe ist von jeher gewohnt nur mit der Knute angefaßt zu werden..."[5]

Im selben Militärhistorischen Archiv gibt es Dokumente, die ein neues Licht auf die direkte deutsche Beteiligung an der Deportation von Juden aus Ungarn werfen. Hier sind einige Auszüge aus Dokumenten über die Aktivitäten von SS-Regimentern in Ungarn:

„ 7./SS-Pol. Rgt. 5
Kriegstagebuch
3o. April 1944. Wach- und Streifendienst bei den Feldwachen und in der Unterkunft der Kp. in Siklos. Judenwache.
1. Mai. Die Kp. stellte ein Kommando in Stärke 1/9 zum Abtransport der Juden aus dem Lager zum Bahnhof in Siklos.

II./SS-Pol.-Rgt. 5
Batl. Gef. Stand den 20.4.1944

...Die Zusammenarbeit mit ungarischen Dienststellen – sei es mit den Behörden, der Honved oder Gendarmerie – kann als vorbildlich bezeichnet werden und war getragen von großer Hilfswilligkeit, Freundschaft und ausgezeichnetem gegenseitigen Verständnis...

Telegramme:
von II./5 an Regiment
26.4.1944
5. Kompanie Einsatz Pitomac beendet.
In Siklos Beginn der Judenerfassungsaktion.

27.4.1944
5. Kompanie Lager Barcs 379 Juden.
7. Kompanie Lager Siklos 334 Juden erfaßt.

28.4.1944
Bisheriges Resultat der Judenerfassungsaktion: 5. Kompanie 626, 6. Kompanie 207, 7. Kompanie 335 Juden erfaßt.

1.5.1944
Judenlager Darda und Siklos geräumt. Abtransport der Juden nach Barcs.

5.5.1944
5. Kompanie in Lager Barcs 1597 Juden.

7.5.1944
5. Kompanie Judenlager in Barcs an Gendarmerie übergeben."[6]

Jedenfalls sind die bedeudendsten und umfangreichsten Akten – die der außerordentlichen sowjetischen Kommission zur Untersuchung der deutsch-faschistischen Verbrechen – bis jetzt noch fast nicht ausgewertet. Diese Akten beschäftigen sich in besonderer Ausführlichkeit mit den Ereignissen und Morden in vielen Dutzenden von Ghettos, Lagern und Schauplätzen und zwar überall in den besetzten Gebieten der Sowjetunion. Die Berichte dieser Kommission über das Leiden der jüdischen Bevölkerung, die erst vor kurzem vom Yad Vashem Archiv auf Mikrofilm aufgezeichnet wurden, umfassen in etwa eine Menge von 80.000 Seiten, ausgewählt aus etwa 1.200 Akten dieser ungeheuren Aufzeichnungsgruppe. Allein die Auflistung all der bis jetzt unbekannten oder kaum bekannten Lager, Ghettos und Schauplätze, wo Massenmorde stattfanden, wird ein dickes Buch füllen. Nur um ihnen eine Vorstellung von der Anzahl jener Schauplätze von Massenmorden zu geben, will ich hier die Namen von Lagern für Juden nennen, die nur in den Dörfern eines Bezirks errichtet worden waren, nämlich im Bezirk Berschad des Winnizaer „Oblast". Dies sind die Lager: Wojtowka, Potaschnia, Flerino, Kruschinkowka, Osijewka, Pjatkowka, Schumilow, Mankowka, Balanowka, Lugowoj, Sumowka, Birlowka.

Um eine Vorstellung von der Beschaffenheit der Akten der SEC geben zu können, will ich hier die Beschreibung nur eines Akts anführen, des Akts 7021-16-8, der von den Ereignissen in der Region Krasnodar handelt.

„Dokumente, Protokolle und Zeugenaussagen über: Erschießung von Personen der Zivilbevölkerung, einschließlich Juden, im Kosakendorf Labinsk in der Region Labinsk; Ertränken von Juden und Einwohnern der Region Ladoschsk im Kubanfluß im Jahr 1942; Mord an jüdischen Familien des Kosakendorfes Ladoschsk am 17.12.1942; die Erschießung aller Juden im Kosakendorf Piaginsk im Dezember 1942, im Kosakendorf Segijewsk am 5.10.1942, im Kosakendorf Dondukowsk in der Region Taginsk am 17.8.1942; die Vernichtung der Juden in der Timoschewetzer Sowchose der Timoschewsker Region am 20.8.1942 und der Juden des Guts Proletarskij in der Timoschewsker Region im Oktober 1942; die Erschießung aller Juden der Kolchose Bojewnik der Udobnensker Region unweit der Stadt Tscherkessk am 16.10.1942. Die Erschießung von Juden aus derselben Region am 14.10.1942 in der Nähe des Kosakendorfes Udobnaja; die Erschießung einiger Juden in der Nähe des Kosakendorfes Peredowaja (Datum unbekannt); die Erschießung von 3.000 Juden der Temirgojewsker Region in der Nähe der Ziegelei und des Kosakendorfes Petropawlowskaja im September 1942; die Erschießung von 400 Juden in der Nähe des Kosakendorfes Ust-Labinskaja in der Temirgojewsker Region im Dezember 1942, Erschießung der Juden der Schowgenowsker Region im Oktober 1942."

Soweit die kurze Beschreibung. Dieser Akt zählt 118 Seiten, beinhaltet viele Namen von ermordeten Opfern, aber auch die von deutschen Kriegsverbrechern und Mitgliedern der örtlichen Polizei, die gemeinsam mit den Deutschen an den Mordaktionen teilgenommen hatten.

Eine besondere Aufmerksamkeit muß den Tagebüchern, den Zeugenaussagen und Erinnerungen von Überlebenden gewidmet werden. Ohne diese kann man vielleicht alle Fakten wissen, aber das Verständnis dieser Ereignisse wird einem fehlen.

Hierin liegt die außergewöhnliche Bedeutung der Akten des Jüdischen Antifaschistischen Komitees, das auf Wunsch der sowjetischen Behörden nach dem deutschen Überfall auf die Sowjetunion gegründet worden war. Dessen Aufgabe war es, von Juden in der freien Welt Unterstützung für die Rote Armee in ihrem Kampf gegen Nazi-Deutschland zu sammeln. So wurde dieses Komitee die einzige jüdische Institution, deren Tätigkeit offiziell erlaubt war, während alle anderen schon lange vor dem Krieg von den sowjetischen Behörden aufgelöst worden waren. Dieses Komitee wurde bei Juden in der ganzen Sowjetunion bekannt. Juden, die die deutsche Okkupation überlebt hatten, wie auch jüdische Soldaten, die an der Front gekämpft hatten und jüdische Partisanen schrieben an das Jüdische Antifaschistische Komitee, sandten ihm ihre Tagebücher und ihre Erinnerungen. Mitglieder des Komitees waren auch damit beschäftigt, Berichte und Zeugenaussagen von Überlebenden zu sammeln. So entstand ein Holocaust-Archiv mit vielen Tausenden Seiten in 27 großen Bänden.

Nach dem Krieg lösten die sowjetischen Behörden das Jüdische Antifaschistische Komitee auf, die meisten seiner Mitglieder wurden eingesperrt und verurteilt und das Archiv von der Geheimpolizei konfisziert. Nach einiger Zeit wurde dieses Archiv ins Zentrale Staatsarchiv nach Moskau gebracht und seit über zwei Jahren ist es wieder zugänglich. Kopien wurden vom Yad Vashem Archiv angefertigt.

Die Akten des Archivs des Jüdischen Antifaschistischen Komitees beinhalten Informationen über Ereignisse an vielen Orten, die in allen anderen Dokumentationsmaterialien nicht hinreichend oder überhaupt nicht dokumentiert sein mögen. Jedenfalls geht die Bedeutung dieser Akten darüber hinaus, daß sie eben Informationen über Ereignisse beinhalten. Sie sind unentbehrlich zum Verständnis der Ereignisse, der Leiden der Opfer unter tragischsten Umständen, der schweren menschlichen Zwangslagen, in denen sich noch nie und nirgends zuvor Menschen befunden hatten, des Ausmaßes an Kollaboration und der Haltung der örtlichen Bevölkerung, des Sadismus und der endlosen Brutalität der Täter, Deutscher und einiger Nicht-Deutscher, deren vollständigen moralischen Verfalls und des beinahe völligen Fehlens von Überlebenschancen. All dies kann schwerlich allein aus einer offiziellen Dokumentation gelernt werden. Die Tagebücher, die Zeugenaussagen und die Berichte ermöglichen ein Verständnis der Ereignisse und darin liegt die hauptsächliche Bedeutung der Akten des Jüdischen Antifaschistischen Komitees.

Ich will dies hier durch zwei Beispiele veranschaulichen.

In ihren Memoiren, die I. Bjelosowkaja kurz nach der Befreiung von Kiew an das Jüdische Antifaschistische Komitee sandte, beschreibt sie, wie es kam, daß sie als eine von sehr wenigen Jüdinnen und Juden in Kiew überlebte. Ihr Ehemann war Russe und wegen seiner Krankheit nicht, wie die Ehemänner ihrer Schwestern, bei der Armee. Als die Deutschen den Juden befahlen, zu einer – wie sie es nannten – Evakuierung anzutreten, erhofften alle ihrer vielen jüdischen Verwandten von ihrem russischen Ehemann die Rettung. Der Mann versuchte, auch wenn es gefährlich war, herauszufinden, was mit den Juden geschehen würde, die diesem Befehl nachkämen. Er kam zurück und erzählte vom Massenmord in Babi Jar. So war alles klar. Nun wußte jeder genau, daß die Befolgung des deutschen Befehls den Tod bedeutete. Bald mußten sie erkennen, daß es unmöglich war, einen Platz zu finden, wo sie sich verstecken konnten. Die Deutschen und ihre ukrainischen Kollaborateure durchsuchten jedes Loch und bedrohten jeden mit dem Tod, der es wagen sollte, einem Juden zu helfen. Alle ihre Verwandten wurden gefangen und umgebracht.

Unter größten Schwierigkeiten gelang es ihrem Gatten, den Sohn zu verstecken. Der Platz, an dem sie versteckt war, wurde mehrmals entdeckt und nur durch ein Wunder gelang es ihr, zu fliehen. Dann kam ihr Ehemann und meinte, daß er zur Überzeugung gelangt wäre, die Lage sei hoffnungslos. All ihre Leiden seien vergeblich und es hätte keinen Sinn, so weiterzumachen. Er wollte seine Frau nicht verlassen und schlug gemeinsamen Suizid als die einzige vernünftige Lösung vor. Sie war damit einverstanden, bat ihn aber, es noch ein einzigesmal zu versuchen, ein Versteck zu finden. Dieses Mal hatten sie Erfolg, und so war sie unter diesen wenigen Juden, die den Einmarsch der Roten Armee in Kiew erlebten.[7]

In einem langen Bericht, geschrieben in Form eines Briefes an den Schriftsteller Ilja Ehrenburg, beschreibt eine jüdische Frau namens H.W.M. Sorina, wie sie mit ihren drei Kindern die Okkupation durch die Nazis überlebt hat, während ihr Mann in der Roten Armee war. Sie flüchteten aus dem Ghetto in der Kleinstadt Chislawitschi in der Smolensker Region. Ihre russische Freundin half ihr bei der Beschaffung von gefälschten russischen Papieren und mit ihrer Hilfe konnte sie in einem kleinen Dorf unterkommen. Schon bald war offenkundig, daß selbst in diesem Dorf die Polizei und Kollaborateure nach Juden suchten. Sie überprüften alle Ausweispapiere und führten gründliche Verhöre. Die Familie war in einem Dilemma. Die Frau und ihre beiden Töchter konnten von ihrem Aussehen her als Russinen durchgehen. Anders war es beim Buben. Mit seinen schwarzen Augen und schwarzen Haaren konnte er die Mutter und seine Schwestern verraten. Auch die russische Freundin, die ihnen geholfen hatte, meinte nun, in Gefahr zu sein.

Es wurde vorgeschlagen, daß die Jüdin bei einem Verhör behaupten solle, daß sie und die Töchter Russinen seien, während der Bub von einem Juden sei. So, indem sie den Buben opferte, könnte sie sich und die zwei Mädchen retten. Die Frau wies dies zurück; sie wußte, sie konnte ohne den Buben nicht leben. So blieb das Problem weiterhin bestehen. Der sechs Jahre alte Bub lernte es, im Bett zu bleiben, sich krank zu stellen und sein Gesicht zu verbergen, wenn jemand in ihren Raum kommen sollte. Glücklicherweise wurde er nicht entdeckt.

Einmal kam ein Einwohner von Chislawitschi und berichtete, daß dort am Vortag alle Juden hingerichtet worden seien. Der Frau fiel es schwer, ihre Gefühle zu beherrschen, um sich nicht zu verraten. Sie brach aber sofort nach der Stadt auf, wo all ihre Verwandten gelebt hatten. So wurde sie die einzige jüdische

Zeugin, die den Ort des Massenmordes, der nur einen Tag davor geschehen war, und die Plünderung des Eigentums der ermordeten Juden, die in der Stadt immer noch im Gange war, beschreiben konnte.[8]

Zum Schluß eine Bemerkung für Historiker. Ein großer Teil der neuerdings zur Verfügung stehenden Dokumente dürfte äußerst nützlich zur Vervollständigung von Informationen und zur Verifikation vieler nur ungefähr bekannter Ereignisse und Fakten sein.

Anmerkungen

1 Kopie im Yad Vashem Archiv (in der Folge YVA) M 36-4.
2 Kopie im YVA M 36-3-5.
3 Staatliches Regionalarchiv in Lemberg P-24-1-123.
4 Kopie im YVA M 36—19-3.
5 Kopie im YVA M 36-8-1.
6 Kopie im YVA M 36-8-4.
7 Akt 962/105-108.
8 Akt 960/228-232.

ELISABETH BRAININ, SAMY TEICHER

Vom Gedanken zur Tat

Psychoanalytische Überlegungen zu Über-Ich, Verantwortung und Aggressionsbarrieren

Zu den religiösen, politischen, sozialen, historischen und nicht zuletzt psychologischen Wurzeln des Antisemitismus gibt es die widersprüchlichsten Erklärungsversuche. Eine Frage blieb dabei jedoch immer offen: Wie kam es unter verschiedensten historischen Bedingungen, Jahrtausende hindurch, immer wieder zu Grenzüberschreitungen vom Gedanken zur Tat, d. h. von paranoiden Verdächtigungen und Anschuldigungen gegen Juden, über Einschränkungen ihrer Lebenssphäre, ihre Beraubung und Vertreibung bis hin zu ihrer physischen Vernichtung. Uns interessierte hier in erster Linie, welche der psychischen Mechanismen in Individuen außer Kraft gesetzt werden, die unter „normalen" Bedingungen das Zusammenleben von Menschen ohne Mord und Totschlag ermöglichen. Wir werden versuchen, die psychische Funktion von „Führer", Ideologie und totalitären Herrschaftsstrukturen für das Verschwinden von Eigenverantwortlichkeit, Aggressionsbarrieren und moralischen Normen im Nationalsozialismus zu untersuchen, wobei unsere Überlegungen als Diskussionsbeitrag zu verstehen sind.

Zur Durchführung der „Endlösung" waren, neben allen anderen, spezielle Bedingungen notwendig. Judenhaß war nicht die einzige Bedingung für Judenmord. Pflichterfüllung und Gehorsam, Mitwisserschaft und damit Mittäterschaft und Willfährigkeit waren nur mit Hilfe eines komplizierten Vernichtungsapparates möglich, der die Verwicklung und Komplizenschaft Hunderttausender in fast ganz Europa sicherte. Diese historische Situation war der theoretische Ausgangspunkt für ein sozialpsychologisches Experiment, das Milgram durchführte. Gehorsam und Konformismus, Idealvorstellungen, Gewissen und Moral der Untersuchten standen unter dem Druck, der durch den „Versuchsleiter", das ist die Autorität, durch das „Opfer" oder durch die Gruppe ausgeübt wurde. Diese experimentelle Situation, in der ohne Zweifel nicht von einer paranoiden Massenpsychose die Rede sein kann, lieferte uns zusätzliches Material für unsere Überlegungen.

Zu unseren weiteren Überlegungen wollen wir hier nur einen Aspekt erwähnen, ohne auf andere, wesentliche Dimensionen der Ursprünge antisemitischer Vorstellungen einzugehen:

Die „Geheimnisse" der jüdischen Religion erzeugen ein Gefühl des Ausgeschlossenseins, das wir aus der ödipalen Situation kennen. Die sexuellen Vorgänge des elterlichen Schlafzimmers werden nur allzuoft von Kindern als sadistische, aggressive Gewalthandlungen phantasiert. Diese Phantasie dient bereits der Abwehrorganisation des kleinen Beobachters, der in einem Durcheinander an Gefühlen von Erregung, Wut und Neid alleine, von den Ereignissen ausgeschlossen bleibt. Die sexuelle Erregung fällt dann der Verdrägung anheim, während Wut, Neid, und Rachewünsche sich an jede neu erlittene narzißtische Kränkung und Demütigung heften können. Auf die Urspünge des christlichen-religiösen Antisemitismus gehen wir hier nicht weiter ein.

K. Eissler benutzt den Begriff des kulturellen Narzißmus: Inhalte der eigenen Kultur werden besonders idealisiert und bewertet. Dies entspricht einer Reaktionsbildung auf die aggressiven Rachegelüste, die aus der narzißtischen Kränkung, zum Beispiel einer militärischen Niederlage, entstehen. Die eigenen Rache- und Vergeltungswünsche rühren auch aus Racheängsten her, die wiederum nicht nur aus der Überschreitung tradierter Normen herkommen. Vergeltungs- und Rachewünsche entstehen auch aus einer Niederlage. Der Beschwichtigung und Beruhigung dieser Ängste dient die Ideologie, die die eigene nationale Überlegenheit und Unantastbarkeit beweisen soll. Deutschland bot nach der Niederlage des Ersten Weltkrieges rassistischen, antisemitischen Ideen einen fruchtbaren Boden. Der Nationalsozialismus und der „Führer" übernahmen alle Verantwortung und versprachen für bedingungslosen Gehorsam und Unterwerfung das Heil und den Sieg. Dem kommt der universelle Wunsch entgegen, die Eltern oder das Schicksal dazu zu bringen, alle erlittenen narzißtischen Kränkungen wiedergutzumachen. Je stärker die phantasierte oder reale, innere oder äußere Bedrohung durch Rache- und Vergeltungsängste, umso enger wird die Bindung an den Führer. Ein totalitärer Staat regelt nicht nur die äußeren Lebensbedingungen der Individuen, er kontrolliert und fordert ihre totale Unterwerfung unter seine Ideologie und seine Ideale. Sogar in den Träumen tauchten die Parolen der Nazis auf, brüllend tönten den Träumern Führerreden im Schlaf, knatterten Fahnen und Spruchbänder, wurden neue Ämter und bürokratische Greuelmärchen erfunden (siehe Ch. Beradt, Das Dritte Reich des Traumes, 1981).

Wir unterscheiden uns von anderen psychoanalytischen Überlegungen, die über massenpsychologische Phänomene im Nationalsozialismus angestellt wurden. Dort nimmt der Führer den Platz einer psychischen Instanz ein, er tritt an die Stelle des Über-Ichs oder Ich-Ideals. Für Analytiker sind dies vertraute Begriffe.

Das Über-Ich würde den archaischen Normen und Werten der Eltern entsprechen, die ihre Anfänge in der Sauberkeitserziehung haben, während das Ich-Ideal später hinzugekommenen bewunderten Wertvorstellungen entspricht, denen sich das Individuum anzupassen versucht. Die Voraussetzung dafür wäre aber, daß diese psychische Instanz entweder nie vorhanden oder nur sehr rudimentär ausgebildet ist. Ansonsten ist es unvorstellbar, daß psychische Instanzen einfach austauschbar sind. Wir meinen, daß „der Führer" nicht an die Stelle einer psychischen Instanz, wie Über-Ich oder Ich-Ideal, in Individuen treten kann, er beruhigt vielmehr Ängste, die aus Ich- und Über-Ich Konflikten entstehen, was auch das Ausmaß der Bindung an Ideologie und Führer in verbrecherischen, totalitären Staaten erklärt. Dies würde oberflächlichen Identifikationen entsprechen, die mit den ursprünglichen in Konflikt geraten. Im Ich ist das Kollektiv, die Gruppe repräsentiert, mit dem Wunsch so zu sein und das zu machen, was alle tun. Das Über-Ich repräsentiert althergebrachte Moralvorstellungen und Werte. Die ständige Anwesenheit des Führers oder seiner Machtorgane zementieren die Bindung an ihn und sind für ihre Erhaltung notwendig. Die inneren Ängste werden durch Maßnahmen verstärkt, zu denen alle totalitären, terroristischen Staaten greifen: Die Menschen werden in einem Schwebezustand der Ungewißheit und Uninformiertheit gehalten.

Wenn der Widerspruch zwischen inneren und äußeren Instanzen zu groß wird, greift das Individuum auf Bewältigungsstrategien der frühen Kindheit zurück. Solange die narzißtische Zufuhr durch Erfüllung von Geboten und Verboten verinnerlichter Elternobjekte stark genug ist, gelingt es, sich einer äußeren, strafenden Instanz, die in Widerspruch zum eigenen Gewissen steht, zu widersetzen. Ist die narzißtische Zufuhr nicht ausreichend, wird die äußere, terroristische Instanz zu einem Aspekt des Primärobjektes der frühen Kindheit, dem man sich völlig unterwirft, solange es anwesend ist. Die Unterwerfung erzeugt die Illusion einer Aufrechterhaltung der Kontrolle primärer Affekte, ursprünglicher, kannibalistischer mörderischer Impulse, die wir in der kindlichen Entwicklung finden. Deren körperliche Entsprechung ist die Sphincterkontrolle (siehe L. Shengold, R. Fliess). Damit gaukelt die Unterwerfung ein Gefühl der Autonomie, nämlich der Kontrolle vor, das als eine weitere Quelle narzißtischer Zufuhr dient. Die Strafängste bleiben jedoch an die ständige Gegenwart der strafenden Instanz gebunden. Damit entsteht eine Situation wie beim Kleinkind, bei dem noch keine dauernde innere Kontrollinstanz errichtet wurde und wo die Anwesenheit der Eltern für die Aufrechterhaltung von Geboten und Verboten notwendig ist. In der Unterwerfung unter aggressive Anteile der Elternimagines oder durch Identifikation mit tröstenden, befriedigenden Elternfiguren kann die Triebbefriedigung erfolgen. In der Entwicklung vom Über-Ich bezeichnet Ferenczi dieses Stadium als Sphinctermoral, die letztlich immer gegen den Verlust der Sphincterkontrolle gerichtet ist. Milgram behauptet in der Interpretation seines Experimentes, daß es den Versuchspersonen nicht um die direkte Befriedigung des Aggressionstriebes ging. Was er nicht sehen kann, ist wie sehr es in der Unterwerfung zur Befriedigung aggressiver Triebimpulse kommt. Die Identifikation mit archaischen, sadistischen Elternimagines bietet in der Übereinstimmung mit ihnen Befriedigung.

Im Massenmord bot die bedingungslose Pflichterfüllung die narzißtische Gratifikation, trotz innerer Widerstände und Konflikte gehorcht zu haben, das heißt die Affektkontrolle bewahrt zu haben. Himmlers Rede 1943 vor seinen Generälen ist bekannt: „Von euch werden die meisten wissen, was es heißt, wenn... 1000 daliegen. Dies durchgehalten zu haben und dabei – abgesehen von Ausnahmen menschlicher Schwächen – anständig geblieben zu sein, das hat uns hart gemacht. Dies ist ein niemals geschriebenes und niemals zu schreibendes Ruhmesblatt deutscher Geschichte..." (zit. n.: Hilberg, R., 1982, S.685)

Wenn wir auf die inneren Vorgänge bei der Durchführung der Massenvernichtung Freuds Konzept der Ichspaltung im Abwehrvorgang anwenden, können wir sehen, daß die Realitätsprüfung aufrecht bleibt, die Über-Ich-Forderungen scheinbar erfüllt werden und die Triebbefriedigung quasi heimlich, unbemerkt von Ich und Über-Ich erfolgen kann. Diese Art der Abwehr ist jedoch keinesfalls psychotisch und hat nichts mit einer Einschränkung der Realitätsprüfung oder Realitätswahrnehmung zu tun.

Gängige psychoanalytische Erklärungsversuche betonen den psychotischen Charakter der psychischen Mechanismen, die die Vorgänge im Nationalsozialismus ermöglichten. Damit wird das gesamte Geschehen während des Krieges in eine mystische Grauzone gerückt. Es hat nichts mehr mit „normalen" Individuen gemein. Uns erscheinen diese Erklärungsansätze eher wie Rechtfertigungsversuche, die das Geschehene weiter isolieren und fernhalten sollen. Mit verbreiteten neurotischen Mechanismen, die wir alle kennen, haben diese Vorgänge dann nichts mehr zu tun und sind weit weniger beängstigend.

Freud spricht von „Kriegsneurosen". Die Entstehung des Begriffs brachte er mit einer Spaltung in ein „Friedens-Ich" und ein „Kriegs-Ich" in Zusammenhang. Der Konflikt zwischen Tötungsverbot und Tötungsbefehl, die militärische Forderung nach bedingungslosem Gehorsam war wie eine... „Schädigung unseres allmächtigen, selbstherrlichen Ichs..." (Freud, S, GW X, S.351, Zeitgemäßes über Krieg und Tod),... „ein crimen laesae majestatis...", eine narzißtische Kränkung, die hilflose Wut und Aggression gegen die militärischen Vorgesetzten nach sich zog, die verdrängt werden mußte. Der Konflikt fand seinen Ausdruck in der Neurose. K. Abraham unterstrich die Bedeutung des Volksheeres für die Entstehung der Kriegsneurosen, in Söldnerheeren gäbe es diese praktisch nicht. Im und nach dem Zweiten Weltkrieg traten keine Kriegsneurosen mehr auf. Dies wurde damit begründet, daß die Kriegsführung sich entscheidend geändert hatte, der Stellungskrieg spielte keine Rolle mehr. Man könnte noch andere Gründe dafür anführen. Die Aggression, die Mordlust richtete sich weniger gegen die Vorgesetzten, als gegen die Opfer. Die Grenze zwischen Kriegs-Ich und Friedens-Ich war im Zweiten Weltkrieg, mit allen verbrecherischen Maßnahmen gegen die Zivilbevölkerung der besetzten Länder, gegen „Untermenschen" und Juden auch im Reich, nicht mehr aufrechtzuerhalten. „Das Fallenlassen der Sittlichkeit", wie Freud den Krieg nannte, bezog sich bei weitem nicht nur auf Kriegshandlungen und Militär. Das ganze deutsche Volk wurde nach militärischen Regeln durchorganisiert, um den Kampf gegen seine inneren „Feinde" zu gewährleisten. Die Kriegsneurosen des Ersten Weltkrieges, als Ausweg aus einem schweren Konflikt, entzogen das Individuum der Verantwortung. Der Soldat war tatsächlich nicht mehr in der Lage, Befehle auszuführen, zu töten. Hier handelte es sich um einen verdrängten, unbewußten Konflikt.

Im Stalinismus während des Kalten Krieges wurde immer

wieder die kriegerische Bedrohung betont. Das sogenannte sozialistische Lager war in einem permanenten Kriegszustand mit dem Rest der Welt. Das impliziert eben, daß alles erlaubt ist, von der Unterdrückung nationaler Interessen bis hin zu verbrecherischen massenhaften Todesurteilen, Gulags und Gefängnissen.

Im Nationalsozialismus wurde die Verantwortung aller verleugnet. Der Führer, sein Machtapparat und die Ideologie dienten als Rechtfertigung und Beruhigung aller Racheängste, die aus einem innerpsychischen Konflikt entstehen könnten. Weder Konflikt noch Verdrängung sind hier am Werk, sondern die Ichspaltung als Abwehr. Als Illustration kann hier der Traum eines Arztes dienen, der einer Sammlung entnommen ist, die zwischen 1933 und 1939 in Deutschland entstand:

„Ich bin in einem Konzentrationslager, aber es geht allen Häftlingen sehr gut, Diners werden abgehalten, es gibt Theatervorstellungen. Ich denke, es ist also doch sehr übertrieben, was man so aus Lagern hört, da sehe ich mich in einem Spiegel: ich habe die Uniform eines Lagerarztes an, besondere Schaftstiefel, die glitzern wie Brillanten. Ich lehne mich an den Stacheldraht an und fange... zu weinen an." (Ch.Beradt, Das Dritte Reich eines Traums, Ffm. 1981, S.49). Dieser Traum zeigt den Konflikt ganz deutlich, der entsteht, wenn die Ichspaltung aufgehoben ist. Der Arzt wurde zum Komplizen der Nazipropaganda, die Meldungen über Kzs als Greuelmärchen hinstellte. Sein Wunsch dazuzugehören äußerte sich auch in der Uniform, die er trug. Doch im Traum selbst merkt er die Entfremdung und weint in einem Gefühl der Ohnmacht. Der Konflikt ist jedoch keineswegs unbewußt, sogar der Wunsch nach Realitätsverleugnung liegt klar auf der Hand. Er will die Realität einfach nicht glauben. Vielleicht kann man die innerpsychischen Vorgänge, die mit dem Nationalsozialismus einsetzen, mit den Kriegsneurosen des Ersten Weltkrieges insofern vergleichen, als diese auch nach Ende des Krieges weiter wirksam blieben.

Die Überwindung althergebrachter moralischer Normen erfolgte mit Hilfe des Naziethos, das von den Eliteeinheiten der SS

„übermenschliches" verlangte. Die passenden Tötungsmethoden für die Massenvernichtung wurden danach ausgesucht, sie für die Durchführenden so schonend wie möglich zu gestalten. R. J. Lifton spricht in seinem Buch „Die Ärzte im Dritten Reich" von einem „Auschwitz-Selbst", das dem Kriegs-Ich, von dem Freud spricht, vergleichbar wäre. Der Kitt zwischen Auschwitz-Ich und früherem Ich wäre die Ideologie, das Naziethos, dem sich alles unterzuordnen hatte. Lifton spricht auch nicht von einer Ausschaltung des Gewissens, sondern von einem „Gewissenstransfer", mit dem man sich von Konflikten freizumachen versuchte. (Lifton, R.J., 1986, S.492, 496). Der Vorgesetzte oder der Führer wissen, was sie tun und welche Befehle sie geben.

Im Nationalsozialismus dienten neu eingeführte Regeln und Gesetze – wie die Nürnberger Rassegesetze – der Rechtfertigung und Angstbewältigung. Das bürgerliche Gesetzbuch galt nur mehr für die „Volksgenossen", die Juden schienen zunächst jedoch nicht vogelfrei, sondern unterlagen einer eigenen Ordnung. Wilde Übergriffe würden ein Ende finden, Affekte und Aggression waren einer bürokratisch kontrollierten Anwendung unterworfen. Die Rechtmäßigkeit der Aggression schien garantiert, indem man die Juden als Verschwörer gegen das deutsche Volk darstellte, denen der Krieg erklärt wurde.

Dieser Mechanismus war auch bei der Vertreibung der Juden aus Spanien vor 500 Jahren am Werk. V. Marcu schreibt dazu: „Der Widerwille gegen die Juden nahm eine gesalbte, juridische Form an und erschien dann als höchste, allen gebietende Moralität. Ohne Gesetz vermag kein Staat, keine Institution beim Morden ein gutes Gewissen zu haben." (V. Marcu, 1934, S.202)

Während der Massenvernichtung mußten zusätzliche Maßnahmen eingeführt werden, um Gewissensbisse und tradierte Moralvorstellungen zu beruhigen. R. Hilberg spricht von Unterdrükkungsmechanismen:

1. Jede Information, für den, der nicht beteiligt war, hatte zu unterbleiben.

2. Es galt sicherzustellen, daß alle Wissenden auch Beteiligte waren.

3. Die „Blutsippschaft" war unentrinnbar. Auch der unbeteiligte Beobachter wurde damit in den Vernichtungsprozeß hineingezogen. („Wir alle... figurieren in der Kriegsverbrecherliste des Herrn Roosevelt", sagte Frank in einer Polizeibesprechung in Polen, zit.n. Hilberg, R. 1982, S.687).

4. Es galt als ein Zeichen von Takt, nicht über Tötungen zu sprechen.

5. Sogar in geheimsten Dokumenten wurde von „Endlösung", „Lösungsmöglichkeiten", „Sonderbehandlung", „Aussiedlungen", „Evakuierungen" „Spezialeinrichtungen" gesprochen.

Wenn von „Exekutionen", „Vollzugstätigkeit" und „Hinrichtungen" die Rede ist, soll mit dieser Terminologie die Rechtmäßigkeit des Mordens unterstrichen werden, als weitere Rationalisierungsmaßnahme. Die „Gesundung" Europas wird mit der Ausrottung der Juden in Aussicht gestellt, die wie Ungeziefer vernichtet werden sollten. (Schließlich lieferte ein deutsches Entseuchungsunternehmen die Vernichtungsmittel für die Ermordung der Juden, die Vergasung.)

In den Rechtfertigungen der Kriegsverbrecherprozesse nach dem Krieg, in Lebenserinnerungen von bürokratischen Massenmördern oder in Gesprächen mit ihnen wird klar, daß sich die Ermordung von Menschen leicht ins Pflichtgefüge eines Bürokraten einbauen ließ, wenn es sich nicht um gefühlsmäßige Angelegenheiten handelte, sondern um hygienische Maßnahmen oder um solche, die sich gegen Feinde des deutschen Volkes richteten. Die Entindividualisierung, die Versicherung, daß es sich nicht um persönliche Gefühle handelte, sondern um „Pflichterfüllung" war eine moralische Rechtfertigung, die dazu diente, Gewissenskonflikte, die sich aufs Tötungsverbot bezogen, zu beruhigen. Gewissen und Moral beschränkten sich darauf, Anordnungen einer höheren Instanz zu befolgen, die die Verantwortung für das Morden übernahm.

Die körperliche Entsprechung kann man in der Sauberkeitserziehung finden, bei der Erlangung der Sphincterkontrolle. Die Befriedigung erfolgt jedoch nicht nur narzißtisch, durch Lob und Zuwendung der Eltern, sondern ebenso durch die „Lustprämie", die Reizung der Darmschleimhaut durch das Zurückhalten des Stuhls. Laut Freud basiert der Begriff Lustprämie auf der Vorstellung vom Lustprinzip, das die Anfänge der kindlichen Entwicklung dominiert und mit Hilfe der Erziehung durchs Realitätsprinzip ersetzt werden soll.

Lustvolle Betätigung (saugen, urinieren, defäzieren), soll aufgeschoben werden, um „groß" zu werden, wie die Eltern zu sein, von ihnen geliebt zu werden etc. Das ist aber nur möglich, wenn es dabei eben diese „Lustprämie" gibt, das heißt, zum Beispiel in der Sauberkeitserziehung die Lust am Zurückhalten des Stuhles, das schließlich zur Sphincterkontrolle führt, und einen Triebaufschub bedeutet.

Die Lustprämie beim Morden vollzog sich in der Unterordnung, der bedingungslosen Ausübung der Befehle, sowie im Morden selbst und nicht zuletzt in den sozialen Vorteilen, die die Teilnahme am Massenmorden brachte. Man mußte nicht nur nicht an die Front, es gab Möglichkeiten der Bereicherung, die im „normalen" Kriegsgeschehen nicht vorhanden waren. Das Gefühl der Macht über Leben und Tod war eine zusätzliche, ganz wesentliche Gratifikation.

Die Stärke des Aggressionsverbotes in unserer Kultur spricht für die Stärke der Mordlust, die dennoch vorhanden ist. Im Krieg, wenn diesem Verbot der Befehl zu töten gegenübersteht, unterliegt das Töten einem Reglement. Demnach ist Töten allen beteiligten Soldaten nicht nur erlaubt, sondern geradezu Pflicht. Auch dafür ist eine anale Verallgemeinerung des Gegners, zum Feind, Voraussetzung. Als Zivilisten und besonders Juden vernichtet wurden, mußten sie zuerst entmenschlicht werden, um den Massenmord zu ermöglichen. Franz Stangl, der ehemalige Lagerkommandant von Sobibor und Treblinka, vermied in einem Gespräch mit Gitta Serenyi das Wort Mensch. Sie fragte ihn schließlich direkt: „Dann haben Sie sie (nämlich die Juden), also nicht als Menschen gesehen?" Er sagte: „Ware..., sie waren nichts als Ware." Er schildert weiter, wie er das erste Mal nach Treblinka kam und Gruben voller bläulich-schwarzer Körper vorfand. Er sagte: „Das hatte nichts mit Menschen zu tun, das konnte einfach nicht sein. Es war eine Masse, eine Masse vermoderndes Fleisch". Stangl schildert sehr detailliert das Inferno von Treblinka, in dem Tausende nackte Menschen, im sogenannten Schlauch, aneinandergepreßt standen und auf ihre Ermordung warteten. Die Entmenschlichung und Organisation waren in diesem Augenblick bereits so vollkommen, daß ihm diese zum Tode verurteilten Menschen nicht mehr wie Menschen erschienen. Es gab einen Platz im Lager, den er wie die Pest mied, das war der Platz des Überganges, die Ausziehbaracken. Es war der Übergang, der sich dort vollzog, wo die Menschen, sobald sie nackt waren, für ihn aufhörten menschliche Wesen, Individuen zu sein (Serenyi, G., 1980, S. 223, 224).

Die Entindividualisierung der Opfer war immer eine Voraussetzung für das Morden. Sie konnte in Kriegshandlungen erfolgen, so wie oben beschrieben, oder mit Hilfe des bürokratischen Apparates und technischer Methoden, die dazu dienten das Morden für die Mörder schonender ablaufen zu lassen und die Affektkontrolle aufrecht zu erhalten. Alkohol war ein ebenso effektives Lösungsmittel für Über-Ich-Konflikte und Racheängste. Die massive Unterdrückung von Rache- und Vergeltungsängsten spricht für ein hohes Ausmaß an aggressiven Wünschen und für die Angst vor einem Verlust der Kontrolle primärer Affekte, das heißt kannibalistischer, mörderischer Impulse, was dem Verlust der Sphincterkontrolle entsprechen würde.

Ein weiterer psychischer Mechanismus, mit dem sich Personen, die am Mordgeschehen beteiligt waren, vor Spannungen schützen wollten, war die Vermeidung. Sie versuchten sich gegen die Wahrnehmung der Folgen ihrer Handlungen abzuschirmen und beschränkten ihre Aufmerksamkeit auf die Durchführung von Anordnungen und Befehlen. Die Verantwortung für die Geschehnisse wurde verleugnet, nicht die Geschehnisse selbst. Sogar Mengele wollte für sich ein Selbstbild von Menschlichkeit bewahren. Er war immer höflich und ruhig. Er verteilte an die Kinder Bonbons, bevor sie seinen sinnlosen, tödlichen Versuchen unterzogen wurden. Seine Versuche, durch die er Tausende ermordete, rechtfertigte er mit einem wissenschaftlichen Sendungsbewußtsein.

Als anderer Ausweg aus dem Gewissenskonflikt bietet sich die Schuldzuweisung an das Opfer selbst an. Es wird zum Sündenbock. Der eigene Gewissenskonflikt wird so externalisiert und abgewehrt. Jeder, der sich mit dem Phänomen des Antisemitismus beschäftigt hat, kennt die Frage, was die Juden selbst zu ihrer Verfolgung beigetragen hätten. Ganz „ohne Grund" könnte das doch nicht durch Jahrtausende passieren.

Schon bei der Vertreibung der Juden aus Spanien vor 500 Jahren schob man ihnen die Schuld zu. Wenn sie nur Christen geworden wären, hätten sie sich retten können. Unverbesserlich lehnten sie die Taufe ab. (Hier sei ein kleiner Exkurs erlaubt: Das erinnert fatal an die Argumentation der deutschen „Grünen" während des Golfkrieges, die die Scudraketenangriffe Iraks auf Israel mit der Politik Israels gegen die Palästinenser rechtfertigten und damit ihre eigenen aggressiven Gefühle gegenüber Israel rationalisierten.)

Ein weiterer, wichtiger Mechanismus, um Spannungen loszuwerden, ohne anders als befohlen handeln zu müssen, ist der verbale Dissens. Nach außen kann man seiner Wut Luft machen, indem man schimpft, zugleich unterwirft man sich den Anordnungen und richtet in der Unterwerfung einen Teil der Aggression gegen sich selbst. Der verbal geäußerte Dissens bietet eine zusätzliche narzißtische Befriedigung. Man traut sich gegen die Autorität zu sein und die eigene Urteilsfähigkeit, trotz Propaganda, bewahrt zu haben. In der bereits erwähnten Traumsammlung gibt es die „Ersatzmeinungssager": In den Träumen tauchen Personen auf, die mutiger als die Träumer selbst ihre Mißbilligung und Kritik äußern. Das Phänomen der „inneren Emigration", das auch

C. Milosz für stalinistische Systeme beschreibt, steht damit in Zusammenhang. Karl Valentins: „Ich sag gar nix – des werd man doch sagen derfen!" entspricht diesem Phänomen, das schließlich zu einer Verkümmerung von Handlungsfähigkeit und Moral führt. Letzten Endes dienen all diese Mechanismen dazu, die Beziehungen zur Autorität intakt zu halten und jede reale Handlung gegen sie, die Konsequenzen hätte, zu vermeiden.

Der Gehorsam geht auf Kosten der synthetischen Funktion des Ich. Autonomie und Identitätsgefühl werden nur durch immer neuerliche narzißtische Zufuhr von außen aufrechterhalten. Rassistische, antisemitische Ideologien bieten ein unerschöpfliches Reservoir narzißtischer Zufuhr. Die Illusion eigener Überlegenheit, Triumph und Rachegefühle finden ihren Platz in diesen Ideologien. Sie dienen schließlich als Ersatz für die synthetische Funktion des Ich und schließen die Lücke zwischen Triebansprüchen und Über-Ich. Die Realitätsprüfung wird überflüssig, man will von der Realität nichts wissen. Als synthetische Funktion des Ichs bezeichnen Psychoanalytiker die Denkmöglichkeiten, innere und äußere Wahrnehmungen miteinander zu verbinden und innere Bedürfnisse mit Ansprüchen der Realität und der Moral in Einklang zu bringen.

Eine optimistischere Perspektive, Konfliktspannungen zu lösen, bietet der Ungehorsam. Im Moment des Konfliktes mit verinnerlichten Moralvorstellungen gewinnen diese auch die Oberhand und führen zur Verweigerung des Gehorsams. Die Ungehorsamen sind sich über die Konsequenzen ihrer Handlungen im klaren, das heißt, die Realitätsprüfung ist stärker als die Abwehr von Unlustgefühlen. Die Unlustbejahung, wie Ferenczi diesen Vorgang nennt, machte es erst möglich, die Verantwortung eigenen Handelns anzuerkennen. Im Moment des Ungehorsams entsteht ein Gefühl der Einsamkeit und Isolierung, das H. Arendt als ein Gefühl der Verlassenheit im Totalitarismus beschreibt. Sich als einziger gegen die Gruppe oder Autorität zu stellen, schafft einen Abgrund zwischen sich und den anderen. In dieser sozialen Isolation werden Elternbilder wiedererweckt, die das Kind zur

Strafe verlassen. Dann wäre die Strafe für die Untreue gegenüber der Autorität, die soziale Isolation.

Die Übereinstimmung mit verinnerlichten moralischen Normen und Vorstellungen bietet aber eine narzißtische Gratifikation durch spätere Elternimagines, die die Einsamkeit erträglicher machen. Sie sind der oben erwähnten Lustprämie vergleichbar.

Dafür spricht auch, daß die Unlustbejahung, als Anerkennung der feindlichen Umwelt, die Voraussetzung für das Aufgeben des magischen Denkens ist. Dieser Prozeß setzt erst in der Sauberkeitserziehung ein, in der eine Verzögerung der Triebbefriedigung möglich, aber auch lustvoll wird. Die Realitätsprüfung kann schließlich über den Primärprozeß, die magische Wunscherfüllung, siegen.

In unseren Überlegungen ging es uns vor allem darum zu zeigen, daß es sich bei den Massenphänomenen im Nationalsozialismus nicht um psychotische Mechanismen handelte. Dies erschien uns auch insofern höchst fragwürdig, als nach Ende des Krieges, nach dem sogenannten Zusammenbruch, die „Normalität" Einzug hielt. Wenn der „Führer" und seine Machtorgane tatsächlich zu inneren Instanzen geworden wären, wäre diese Rückkehr zur Normalität unmöglich gewesen. Die Funktion, die während der Nazi-Herrschaft die von uns beschriebenen Abwehrmechanismen erfüllten, wurden nach Kriegsende von der Lüge abgelöst. Es handelt sich nicht um unbewußte Prozesse, wie sie die Verdrängung oder Verleugnung sind, sondern sie dienten dazu, bewußte Ängste zu beruhigen.

Das Denken der Menschen bewegt sich immer wieder zwischen Realitätsprüfung und magischer Wunscherfüllung. Nach dem Krieg glaubte man in Ländern wie Österreich, so schnell als möglich zur Normalität zurückkehren zu müssen. Nationalsozialismus war tiefste Vergangenheit, an die man sich „nicht erinnern" konnte und wollte, mit der man nichts mehr zu tun hatte. Umso mehr erhoffte man sich – Willfährigkeit hatte man schließlich schon immer bewiesen – materielle Hilfe von den Siegern.

Der Marshallplan und das Wirtschaftswunder waren die Grundpfeiler der Demokratie nach dem Krieg.

Daß es die Sieger waren, die den Besiegten die Möglichkeiten für materiellen Wohlstand und politische Sicherheit boten, gerät ebenso in Vergessenheit.

Literatur

Abraham, K. (1919): Zur Psychoanalyse der Kriegsneurosen, in Psychoanalytische Studien, II., Frankfurt 1971

Arendt, H. (1965): Eichmann in Jerusalem, „Die Banalität des Bösen", München.

Arendt, H.(1980): Elemente und Ursprünge totalitärer Herrschaft, Frankfurt

Arendt, H.(1988): Menschen in finsteren Zeiten, München.

Beradt, Ch. (1966): Das Dritte Reich des Traumes. Frankfurt/M. 1981.

Braining, E., Ligeti, V., Teicher, S. (1989): Antisemitismus in Psychoanalysen. Zur Identität österreichischer Psychoanalytiker heute. In: Psyche 1/1989, S.1-19, Stuttgart.

Eckstaedt, A. (1989): Nationalsozialismus in der „zweiten Generation"– Psychoanalyse von Hörigkeitsverhältnissen. Frankfurt.

Eissler, K. R. (1979): Freud und Wagner-Jauregg vor der Kommission zur Erhebung militärischer Pflichtverletzungen. Wien.

Eissler, K. R. (1980): Todestrieb, Ambivalenz, Narzißmus, Hamburg.

Ferenczi, S. (1986): Bausteine zur Psychoanalyse, Frankfurt 1986.

Fliess, R. (1970): Erogeneity and Libido, New York

(1970): Ego and Body Ego, New York

Freud, S. (1915): Zeitgemäßes über Krieg und Tod. GW X. 323-355

Freud, S. (1916): Weitere Bemerkungen über die Abwehr-Neuropsychosen, GWI

Freud, S. (1919): Das Unheimliche, GW XII

Freud, S. (1919): Einleitung zur Psychoanalyse der Kriegsneurosen. GW XII. 321-324.

Freud, S. (1920): Jenseits des Lustprinzips. GW XIII. 1-69.

Freud, S. (1921): Massenpsychologie und Ich-Analyse, GW XIII

Freud, S. (1933): Warum Krieg? GW XVI. 11-27.

Freud, S. (1938): Die Ichspaltung im Abwehr-Vorgang. GW XVII 59-62.

Grunberger, B. (1979): Vom Narzißmus zum Objekt, Frankfurt.

Henseler, H. und A.

Kuchenbuch/Hg.) (1982): Die Wiederkehr von Krieg und Verfolgung in Psychoanalysen. Ulm, Berlin.

Hilberg, R. (1982): Die Vernichtung der europäischen Juden, Berlin.

Jäger, H. (1982): Verbrechen unter totalitärer Herrschaft , Frankfurt

Kogon, E. (1974): Der SS-Staat, München.
Lifton, R.J. (1986): Ärzte im Dritten Reich. Stuttgart 1988.
Löwenberg, P. (1986): Die „Reichskristallnacht" vom 9. bis 10 Nov. 1938 als öffentliches Erniedrigungsritual. in Sigmund Freud-House-Bulletin, Frankfurt.
Löwenstein, R.M. (1952): Psychoanalyse des Antisemitismus. Frankfurt 1971.
Marcu, V. (1934): Die Vertreibung der Juden aus Spanien. München, 1991.
Milgram, S. (1974): Das Milgram Experiment, Hamburg.
Milosz, C. (1974): Verführtes Denken. Frankfurt
Mitscherlich, A. (1982): Die Unfähigkeit zu trauern, München
Moscovici, S. (1986): Das Zeitalter der Massen, Frankfurt
Rosenkötter, L. (1981): Idealbildung in der Generationenfolge. Psyche, 35, 593-599.
Serenyi, G. (1980): Am Abgrund, Wien.
Shengold, L. (1982): Anal erogeneity: The goose and the rat. In: Int. J. Psycho-Analysis 63/3.331-345. London.
Shengold, L. (1985): Defensive anality and anal narcissism. In: Int. J. Psycho-Analysis. 66/1. 47-48. London.
Simmel, E. (Hg.) (1946): Antisemitism. A Social Desease, New York.
Westernhagen, D.v. (1987): Die Kinder der Täter. München.

Kurzbiographien

Wolfgang Benz, Prof. Dr. phil, geboren 1941, Mitarbeiter am Institut für Zeitgeschichte München, Gastprofessor an der Universität New South Wales in Sydney, Mitglied des International Advisory Board des Simon Wiesenthal Center Los Angeles. Herausgeber der Reihe „Biographische Quellen zur deutschen Geschichte nach 1945", Mitbegründer und Mitherausgeber der Zeitschrift „Dachauer Hefte". Seit 1990 Professor an der TU-Berlin und Leiter des Zentrums für Antisemitismusforschung. Zahlreiche Veröffentlichungen: Von der Besatzungsherrschaft zur Bundesrepublik, 1984; Rechtsextremismus in der Bundesrepublik (Hg.), 1989; Die Gründung der Bundesrepublik 1986; Potsdam 1945, 1986; Die Juden in Deutschland (Hg.), 1988; Herrschaft und Geselschaft im nationalsozialistischen Staat, 1990; Zwischen Hitler und Adenauer, 1991; Dimension des Völkermordes (Hg.), 1991; Das Exil der kleinen Leute (Hg.), 1991.

Gabor Berenyi, Dr. phil, geboren 1946, Lektoratsleiter beim Verlag Gondolat in Budapest, Mitarbeiter der jüdischen kulturellen Zeitschrift Mult és Jövö. Übersetzungen von Georg Simmel, Johann Gottlieb Fichte, Walter Benjamin, Immanuel Kant und Max Scheler. Veröffentlichungen zu Philosophie und Lebensgeschichte.

Peter Bettelheim, geboren 1943 in der Schweiz, Schule und Studium der Sprachwissenschaft in Wien, Buchhändler, Verleger und Publizist (Sprache und Sprachenpolitik in Südtirol, 1982). Seit 1989 Leiter des Jüdischen Instituts für Erwachsenenbildung.

Eilsabeth Brainin, Dr., geboren 1949, Psychoanalytikerin, Kinderpsychoanalyse; Veröffentlichungen zu Antisemitismus, Geschichte der Psychoanalyse und Psychoanalyse im Nationalsozialismus

Gotthard Kindl, Mag, geboren 1957, Studium der Politikwissenschaft und Germanistik, Veröffentlichung über Antisemitismus in Polen und Arisierungen in Tirol.

Smuel Krakowski, Dr. phil, geboren 1926 in Warschau, Direktor des Yad Vashem Archivs in Jerusalem. Zahlreiche Veröffentlichungen: The War of the Doomed. Jewish Armed Resistance in Poland 1942-1944, 1984; Unequal Victims. Poles and Jews during World War Two, 1986; Artikel und Beiträge in Sammelbänden.

Karl Pfeifer, geboren 1928, nach 1938 Flucht nach Palästina, 1946-1950 Dienst in Palmach, Stoßtruppen der Haganah und der israelischen Armee, 1951 Rückkehr nach Österreich. Seit 1982 Redakteur der „Gemeinde", Organ der Kultusgemeinde.

Antony Polonsky, geboren in Johannesburg in Süd-Afrika, Studium von Geschichte und Politikwissenschaft an der Universität Witwatersrand. Lehrtätigkeit in Worcester und am St. Antony's College in Oxford, ab 1970 Lektor im „International Institute of History at the London School of Economics and Political Science" und ab 1992 Professor an der „East European Jewish History at Brandeis University, Waltham", USA.
Zahlreiche Publikationen: Politics in Independent Poland, 1972; The Little Dictators. The History of Eastern Europa since 1918, 1975; The Great Powers and the Polish Question 1941-1945, 1976; Abraham Lewin: A Cup of Tears: A Diary of the Warsaw Ghetto (Hg.) 1988; „My Brother's Keeper?" Recent Polish Debates about the Holocaust (Hg.) 1990; Mitherausgeber von The Jews in Warsaw, 1991; The Jews in Eastern Poland and the USSR 1939-1946, 1991.

Silvia Prohinig, Dr., geboren 1955, Studium der Publizistik/ Kommunikationswissenschaft und Politikwissenschaft in Salzburg. Seit 1989 als pädagogische Assistentin an der Volkshochschule Hietzing – mit dem Themenschwerpunkt Gesellschaftspolitik – tätig.

Robert Streibel, Dr., geboren 1959, Studium der Geschichte, Germanistik und Theaterwissenschaft in Wien, Referent für Öffentlihckeitsarbeit im Verband Wiener Volksbildung, Organisation von wissenschaftlichen Symposien. Veröffentlichungen: Der Pogrom 1938 (Hg.), 1989; Der Hitler-Stalin-Pakt (Hg.) 1990; Der Oktoberstreik 1950 (Hg), 1991; 22. Juni 1941. Der Überfall auf die Sowjetunion (Hg.) 1991; Und plötzlich waren sie alle weg. Die Juden der „Gauhauptstadt Krems" und ihre Mitbürger, 1991; Anna Lambert: Du kannst vor nichts davonlaufen (Hg.),1992.

Samy Teicher, Dr., geboren 1952, Psychoanalytiker, Kinder- und Gruppenpsychoanalyse, freie Praxis in Wien, Mitarbeit im Anton Proksch Institut (Drogentherapie-Station); Veröffentlichungen zu Antisemitismus, Kinderanalyse und den Folgen von KZ-Lagerhaft

Robert Wistrich, Prof., geboren 1945, Neuberger Professor of Modern European History, Hebrew University of Jerusalem, Jewish Cronicle Professor of Jewish History, University of London. Zahlreiche Veröffentlichungen: Revolutionary Jews from Marx to Trotzky 1976; Trotzky: Fate of a Revolutionary 1979; Socialism and the Jews: the Dilemmas of Assimilation in Germany and Austria-Hungary, 1982; Who is Who im Dritten Reich? 1983; Der antisemitische Wahn 1987; The Jews of Vienna in the Age of Franz Joseph, 1989; Between Redemption and Perdition 1990; Antisemitism: The Longest Hatred 1991.

JÜDISCHE ZEITGESCHICHTE

Florian Freund • Franz Ruttner • Hans Safrian (Hg.)

ESS FIRT KEJN WEG ZURIK…

Geschichte und Lieder des Ghettos von Wilna 1941–1943
Mit einem Vorwort von Simon Wiesenthal

Die Geschichte der Ausbeutung und Vernichtung der Bevölkerung des einstigen kulturellen Zentrums der jiddischen Kultur, Wilna/Wilne in Litauen, aber auch die Geschichte des jüdischen Widerstands in Wort und Tat.

199 Seiten, 14,5 x 23,5 cm, 17 Abbildungen und 23 Notenstücke, gebunden
ISBN 3-85452-222-3

*

Robert Streibel

PLÖTZLICH WAREN SIE ALLE WEG

Die Juden der »Gauhauptstadt Krems« und ihre Mitbürger
Mit einem Vorwort von Erika Weinzierl

Die Geschichte des alltäglichen Antisemitismus und der Normalität der Ausgrenzung und Beraubung der Juden im »Dritten Reich« durch ihre unmittelbaren Nachbarn und Mitbürger, eine Spurensuche an einem Ort des Vergessens.

296 Seiten, 17 x 24 cm, 84 Abb., gebunden
ISBN 3-85452-223-1

PICUS VERLAG WIEN

GESCHICHTE OSTEUROPAS

Georg Scheuer

VORWÄRTS – UND SCHNELL VERGESSEN?

Jahrhundert zwischen Traum und Trauma

Eine fundierte, journalistisch geschriebene kritische Bilanz des »roten« oder »sowjetischen« Jahrhunderts, von den Ursprüngen der revolutionären Bewegungen im 19. Jahrhundert bis zum Zusammenbruch des Jahres 1991.

336 Seiten, 17 x 24 cm, gebunden
ISBN 3-85452-236-3

*

Hans Schafranek (Hg.)

DIE BETROGENEN

Österreicher als Opfer stalinistischen Terrors in der Sowjetunion

Die Geschichte der Verfolgung und Vernichtung von österreichischen Facharbeitern, Kommunisten, Sozialdemokraten und Revolutionären Sozialisten in der Sowjetunion der dreißiger Jahre.

241 Seiten, 17 x 24 cm, 27 Abb., broschiert
ISBN 3-85452-219-3